# 75 problemas resueltos de matemáticas

para nuevos estudiantes de ADE y Economía

**MOISÉS DÍAZ CABRERA**
PROFESOR CONTRATADO DOCTOR. UNIVERSIDAD DEL ATLÁNTICO MEDIO
(LAS PALMAS DE GRAN CANARIA, ESPAÑA)

# 75 problemas resueltos de matemáticas

para nuevos estudiantes de ADE y Economía

EDICIONES PIRÁMIDE

COLECCIÓN «ECONOMÍA Y EMPRESA»

Director:
Miguel Santesmases Mestre
Catedrático de la Universidad de Alcalá

Diseño de cubierta: Anaí Miguel

Maquetación: autor

Reservados todos los derechos. El contenido de esta obra está protegido por la Ley, que establece penas de prisión y/o multas, además de las correspondientes indemnizaciones por daños y perjuicios, para quienes reprodujeren, plagiaren, distribuyeren o comunicaren públicamente, en todo o en parte, una obra literaria, artística o científica, o su transformación, interpretación o ejecución artística fijada en cualquier tipo de soporte o comunicada a través de cualquier otro medio, sin la preceptiva autorización.

© Moisés Díaz Cabrera
© Ediciones Pirámide (Grupo Anaya, S. A.), 2019
Juan Ignacio Luca de Tena, 15. 28027 Madrid
Teléfono: 91 393 89 89
www.edicionespiramide.es
Depósito legal: M. 30.751-2019
ISBN: 978-84-368-4131-2
Printed in Spain

# Índice general

**Prólogo** .................................................. 13

**1. Matemática básica y operaciones** ...................... 15
    1.1. Operaciones con fracciones: suma, resta, multiplicación y división ........................................ 16
    1.2. Problemas de operaciones con fracciones ............. 19
    1.3. Operaciones con potencias y raíces .................. 23
    1.4. Operaciones básicas: simplificación y factor común .... 25
    1.5. Operaciones con polinomios ......................... 28

**2. Ecuaciones, inecuaciones y sistemas de ecuaciones** .... 47
    2.1. Ecuaciones de primer y segundo grado ................ 48
    2.2. Inecuaciones ....................................... 52
    2.3. Sistemas de tres ecuaciones lineales con tres incógnitas .. 57
    2.4. Más problemas de sistemas de ecuaciones lineales con tres incógnitas ........................................ 66

**3. Cálculo de derivadas** ................................ 83
    3.1. Derivadas sencillas ................................ 84
    3.2. Derivadas exponenciales y logarítmicas .............. 86
    3.3. Producto y cociente de derivadas .................... 87
    3.4. Regla de la cadena ................................. 89
    3.5. Derivadas avanzadas ................................ 97
    3.6. Derivadas de orden superior ........................ 101
    3.7. Aplicaciones de la derivada en economía ............. 103

**4. Funciones con variable real** . . . . . . . . . . . . . . . . . . . 121
    4.1. Dominio de diferentes funciones . . . . . . . . . . . . 122
    4.2. Monotonía, extremos locales, intervalos de concavidad y convexidad y puntos de inflexión . . . . . . . . . . . . 125
    4.3. Problemas de funciones polinómicas de primer grado . . . 132
    4.4. Problemas de funciones polinómicas de segundo grado . . 139

**Bibliografía** . . . . . . . . . . . . . . . . . . . . . . . . . . . . 145

# Índice de figuras

| | | |
|---|---|---|
| 1.1. | Bockenheimer Warte ................ | 20 |
| 1.2. | Diagrama del factor común .............. | 26 |
| 1.3. | Producto notable $(a+b)^2$ .............. | 31 |
| 2.1. | Gráfica: $B_{fusion}(x) = -x^2 - 3x + 18$ ........ | 51 |
| 2.2. | Johann Carl Friedrich Gauss ............. | 57 |
| 2.3. | Isaac Newton .................... | 59 |
| 2.4. | Leonhard Paul Euler ................ | 59 |
| 2.5. | Adrien-Marie Legendre ............... | 59 |
| 3.1. | Gráfica: $B(p) = 2p - p^2 - 0.84$ .......... | 107 |
| 3.2. | Gráfica $B(q) = \frac{1}{2}q^2 - \frac{21}{2}q - 10$ ......... | 116 |
| 4.1. | Gráfica: $(g \circ f)(x) = 2x^3 - 6x^2 + 1$ ........ | 127 |
| 4.2. | Gráfica de dos rectas ................ | 133 |
| 4.3. | Gráfica de dos rectas ................ | 135 |
| 4.4. | Gráfica de dos rectas ................ | 137 |
| 4.5. | Gráfica: $B(p) = 2p - p^2 - 0.84$ .......... | 140 |
| 4.6. | Gráfica: $I(t) = -\frac{1}{10}(2t^2 - 20t)$ ......... | 142 |

© Ediciones Pirámide

# Índice de tablas

1.1. Fórmula del factor común. . . . . . . . . . . . . . . . . . 26
1.2. Productos notables más usados. . . . . . . . . . . . . . . 29

3.1. Reglas de derivación. . . . . . . . . . . . . . . . . . . . 84
3.2. Operaciones con las derivadas. . . . . . . . . . . . . . . 85
3.3. Reglas de derivación aplicando la regla de la cadena. . . . 90

# Prólogo

Este libro está dirigido a futuros estudiantes de Matemáticas de primer curso del Grado en Administración y Dirección de Empresas (ADE) o del Grado en Economía. Históricamente, la asignatura de Matemáticas ha sido una de las primeras que cursa el nuevo estudiante universitario. Incluso antes de la adaptación curricular al Espacio Europeo de Educación Superior, las Matemáticas ya gozaban del privilegio de encontrarse entre las primeras materias de la carrera de ADE y de Economía. Frecuentemente, un número importante de nuevos estudiantes manifiestan dificultad al enfrentarse a ella. De hecho, en la trayectoria curricular de muchos de ellos, se puede observar cómo esta asignatura ha tratado de esquivarse y profundizarse o, simplemente, «hace mucho tiempo que se estudió».

La mala fama que tiene la asignatura de Matemáticas hace de ella una fuerte fuente de frustración y malas experiencias. Sin embargo, y parafraseando al profesor español de Matemáticas Eduardo Sáenz de Cabezón, podemos afirmar que, si se sabe más, se disfruta más y se es más libre.

Este libro tiene ese objetivo: armonizar los diferentes conocimientos de los nuevos estudiantes universitarios de ADE o de Economía para disfrutar más de las matemáticas. La armonización de conocimientos supone una clave básica para el mayor provecho de cualquier asignatura universitaria, especialmente para los alumnos de nuevo ingreso. Esta dota al nuevo estudiante de los conocimientos y conceptos básicos requeridos para el éxito académico del nuevo curso.

El presente libro plantea una colección de 75 problemas que se espera que todo nuevo estudiante sepa resolver al llegar por primera vez a la asignatura de Matemáticas de primero de ADE o de Economía. Es importante mencionar que el libro no recoge conceptos teóricos. En su lugar, resuelve los problemas que se proponen. En algunos temas hay conceptos teóricos que son particularizados al problema que se debe resolver.

El primer capítulo recoge diversos problemas de matemática básica. En él se pretende repasar muchos de los conceptos aprendidos en cursos anteriores no universitarios.

En el segundo capítulo se aborda una revisión de las ecuaciones, inecuaciones y sistemas de ecuaciones. Este otorga una especial atención a problemas de sistemas de ecuaciones con tres incógnitas. Con ellos se espera que el estudiante se ejercite para obtener las ecuaciones y resolver una situación descrita con palabras y no con fórmulas matemáticas.

Uno de los más arduos temas de las Matemáticas son las derivadas. Sin embargo, es un concepto que los alumnos han de trabajar antes de enfrentarse a cualquier asignatura universitaria de Matemáticas. El capítulo tercero ofrece una variedad de ejercicios de derivadas de distinta complejidad. Así mismo, dicho capítulo centra el uso de las derivadas en ejemplos concretos de aplicación a la economía.

Finalmente, el último capítulo recoge una colección de ejercicios y ejemplos de estudio de funciones. Por un lado, ejercicios analíticos del estudio de funciones y, por otro lado, problemas de aplicación que requieren destreza en el uso matemático de las funciones.

Por último, me dirijo al lector de este libro para agradecerle su interés y para pedirle disculpas por las posibles erratas que pueda encontrar.

Las Palmas de Gran Canaria, 2019

Moisés Díaz

# 1 Matemática básica y operaciones

*No hay enseñanza más que Matemática, el resto es broma.*

Jacques Lacan,
Francia (†80 años).

**CONTENIDO**

1.1. Operaciones con fracciones: suma, resta, multiplicación y división.
1.2. Problemas de operaciones con fracciones.
1.3. Operaciones con potencias y raíces.
1.4. Operaciones básicas: simplificación y factor común.
1.5. Operaciones con polinomios.

## 1.1. OPERACIONES CON FRACCIONES: SUMA, RESTA, MULTIPLICACIÓN Y DIVISIÓN

**Ejercicio 1.**
**Realice las siguientes operaciones (sumando y restando):**

(a) $\dfrac{-5 + 5(-5)}{-5(-5)} =$

(b) $\dfrac{2}{7} - \dfrac{1}{7} - \dfrac{8}{7} =$

(c) $\dfrac{4}{11} - \dfrac{11}{4} =$

(d) $-8(2+3) - \dfrac{12}{-3} =$

**Solución 1.**

(a) $\dfrac{-5 + 5(-5)}{-5(-5)} = \dfrac{-5 - 25}{-25} = \dfrac{-30}{-25} = \dfrac{6}{5}$

(b) $\dfrac{2}{7} - \dfrac{1}{7} - \dfrac{8}{7} = \dfrac{2 - 1 - 8}{7} = \dfrac{-7}{7} = -1$

(c) $\dfrac{4}{11} - \dfrac{11}{4} =^1= \dfrac{16 - 121}{44} = -\dfrac{105}{44}$

(d) $-8(2+3) - \dfrac{12}{-3} = -40 + \dfrac{12}{3} = \dfrac{-40}{1} + \dfrac{12}{3} =^2= \dfrac{-120 + 12}{3} = \dfrac{-108}{3} = -36$

---
[1] $m.c.m.(11,4) = 11, 2^2 = 44$
[2] $m.c.m.(1,3) = 3$

## Ejercicio 2.
**Realice las siguientes operaciones (multiplicando y dividiendo):**

(a) $6 \cdot \left(-\dfrac{10}{3}\right) \cdot \dfrac{-2}{3} =$

(b) $\dfrac{10}{3} \cdot \dfrac{2}{-3} =$

(c) $\dfrac{10}{3} : \dfrac{2}{-3} =$

(d) $\dfrac{5}{7} : \dfrac{2}{3} =$

(e) $5 : \dfrac{2}{3} =$

(f) $\dfrac{5}{7} : 2 =$

## Solución 2.

(a) $6 \cdot \left(-\dfrac{10}{3}\right) \cdot \dfrac{-2}{3} = \dfrac{6}{1} \cdot \left(\dfrac{20}{9}\right) = \dfrac{120}{9} = \dfrac{40}{3}$

(b) $\dfrac{10}{3} \cdot \dfrac{2}{-3} = \dfrac{10 \cdot 2}{3 \cdot (-3)} = -\dfrac{20}{9}$

(c) $\dfrac{10}{3} : \dfrac{2}{-3} = \dfrac{\dfrac{10}{3}}{\dfrac{2}{-3}} = \dfrac{10 \cdot (-3)}{3 \cdot 2} = -5$

(d) $\dfrac{5}{7} : \dfrac{2}{3} = \dfrac{\tfrac{5}{7}}{\tfrac{2}{3}} = \dfrac{5 \cdot 3}{7 \cdot 2} = \dfrac{15}{14}$

(e) $5 : \dfrac{2}{3} = \dfrac{5}{1} : \dfrac{2}{3} = \dfrac{\tfrac{5}{1}}{\tfrac{2}{3}} = \dfrac{5 \cdot 3}{1 \cdot 2} = \dfrac{15}{2}$

(f) $\dfrac{5}{7} : 2 = \dfrac{5}{7} : \dfrac{2}{1} = \dfrac{\tfrac{5}{7}}{\tfrac{2}{1}} = \dfrac{5 \cdot 1}{7 \cdot 2} = \dfrac{5}{14}$

**Ejercicio 3.**
**Resuelva los siguientes castillos de fracciones[a]:**

(a) $\dfrac{\tfrac{1}{10}}{\tfrac{1}{2} + 1} =$

(b) $\dfrac{\tfrac{2}{10} - \tfrac{2}{20}}{\tfrac{6}{9} - \tfrac{8}{16} - 1} =$

(c) $\dfrac{\tfrac{2}{6} + \tfrac{4}{6} \cdot \tfrac{5}{2}}{\tfrac{3}{2} \cdot \tfrac{8}{6} - 1} =$

---
[a]Nota: tener en cuenta la jerarquía de las operaciones

*1. Matemática básica y operaciones*

**Solución 3.**

(a) $\dfrac{\frac{1}{10}}{\frac{1}{2}+1} = \dfrac{\frac{1}{10}}{\frac{1}{2}+\frac{2}{2}} = \dfrac{\frac{1}{10}}{\frac{3}{2}} = \dfrac{1\cdot 2}{10\cdot 3} = \dfrac{2}{30} = \dfrac{1}{15}$

(b) $\dfrac{\frac{2}{10}-\frac{2}{20}}{\frac{6}{9}-\frac{8}{16}-1} - \dfrac{3}{25} = \dfrac{\frac{4-2}{20}}{\frac{16\cdot 6-9\cdot 8-144}{144}} = \dfrac{\frac{2}{20}}{\frac{-120}{144}} = \dfrac{\frac{1}{10}}{\frac{-5}{6}} = \dfrac{6}{-50} =$

(c) $\dfrac{\frac{2}{6}+\frac{4}{6}\cdot\frac{5}{2}}{\frac{3}{2}\cdot\frac{8}{6}-1} = \dfrac{\frac{2}{6}+\frac{20}{12}}{\frac{24}{12}-1} = \dfrac{\frac{4+20}{12}}{\frac{24-12}{12}} = \dfrac{\frac{24}{12}}{\frac{12}{12}} = \dfrac{24}{12} = 2$

## 1.2. PROBLEMAS DE OPERACIONES CON FRACCIONES

**Ejercicio 4.**

**En un *karting*, Elías, Santiago y Ester tardan 3, 4 y 6 minutos, respectivamente, en dar una vuelta completa. Partiendo de la línea de salida a las 9:00 h, ¿a qué hora volverán a coincidir en la línea de salida?**

**Solución 4.**

El mínimo común múltiplo de los tiempos en que tardan en recorrer la pista dará como resultado el minuto que volverán a encontrarse[3]. Sabiendo

---
[3] $m.c.m.(3,4,6) = 3, 2^2, 2\cdot 3 = 12$

que partieron a las 9:00 h, los tres volverán a encontrarse a las 9:12 h en la línea de salida.

> **Ejercicio 5.**
>
> **En la original boca de metro de la estación de Bockenheimer Warte, en Fráncfort (ver figura 1.1), pasan tres líneas diferentes. La primera línea para con una frecuencia de 12 minutos, la segunda con una frecuencia de 15 minutos y la tercera para cada 6 minutos. ¿Cada cuántos minutos, como mínimo, coincidirán los tres metros en dicha estación?**

**Figura 1.1.** Genuina entrada a la boca de metro de la estación de Bockenheimer Warte, en Fráncfort.

**Solución 5.**

El primer metro para con una frecuencia de una vez cada doce minutos: 1/12. De la misma manera, el segundo y el tercero lo hacen una vez cada quince minutos, 1/15, y una vez cada seis minutos, 1/6. Para encontrar el minuto común al cual podrían encontrarse, haremos el mínimo común

*1. Matemática básica y operaciones*

múltiplo de: 12, 15 y 6, cuyo resultado[4] es 60. Es decir, los tres metros se encontrarán en la estación cada 60 minutos como mínimo.

> **Ejercicio 6.**
>
> Un empresario gestiona dos empresas distintas. Los empleados de su primera empresa están agrupados en 12 equipos de trabajo, mientras que los empleados de su segunda empresa, en 18 equipos de trabajo. Sabiendo que el empresario ha distribuido el mismo número de empleados en sus dos empresas,
>
> (a) ¿Cuántos empleados tiene cada empresa como mínimo?
>
> (b) ¿Cuántos empleados hay en los equipos de la primera y segunda empresa?

**Solución 6.**

(a) Se sabe que el empresario tiene el mismo número de empleados en cada empresa. En la primera empresa están distribuidos en 12 equipos y en la segunda, en 18. El número mínimo de empleados en cada empresa lo podemos calcular con el mínimo común múltiplo[5] de 12 y de 18. Esto nos da como resultado 36, que es el número de trabajadores mínimo que podría tener el empresario en cada empresa para cumplir las condiciones del problema.

(b) El número mínimo de empleados en los equipos de trabajo de la primera empresa son: 36/12, que da como resultado 3 empleados en cada equipo. Sin embargo, en la segunda empresa hay $36/18 = 2$ empleados como mínimo en cada equipo de trabajo.

---

[4]$m.c.m.(12, 15, 6) = 3 \cdot 2^2, 3 \cdot 5, 3 \cdot 2 = 3 \cdot 2^2 \cdot 5 = 60$
[5]$m.c.m.(12, 18) = 3 \cdot 2^2, 2 \cdot 3^2 = 2^2 \cdot 3^2 = 36$

### Ejercicio 7.

**El beneficio global de una empresa al cabo de un año contable fue de 120000 €. Una tercera parte de ese capital se destina a infraestructura y dos quintas partes se deposita a plazo fijo en un banco. ¿Cuánto dinero queda disponible en euros y en tanto por ciento?**

### Solución 7.

El dinero destinado a infraestructura se calcula a continuación como:

$$\frac{1}{3} \cdot 120000 = 40000 \, €$$

Por otro lado, la cantidad depositada en el banco es de:

$$\frac{2}{5} \cdot 120000 = \frac{2 \cdot 120000}{5} = \frac{240000}{5} = 48000 \, €$$

Así pues, el capital disponible en euros será de:

$$120000 - \frac{1}{3} \cdot 120000 - \frac{2}{5} \cdot 120000 =$$
$$120000 - 40000 - 48000 = 32000 \, €$$

Finalmente, en términos de tanto por ciento, quedaría como:

$$\frac{32000}{120000} \cdot 100 = \frac{16}{60} \cdot 100 = \frac{4}{15} \cdot 100 = 0.27 \cdot 100 = 27$$

Es decir, el dinero disponible en tanto por ciento es del 27 % del capital total.

## 1.3. OPERACIONES CON POTENCIAS Y RAÍCES

**Ejercicio 8.**
**Realice las siguientes operaciones (potencias):**

(a) $(-2)^3 =$

(b) $-2^3 =$

(c) $(-2)^4 =$

(d) $-2^4 =$

(e) $\left(\dfrac{-1}{3}\right)^2 =$

(f) $\left(\dfrac{-1}{3}\right)^{-2} =$

(g) $(5^2)^{-5} =$

(h) $\dfrac{-2^4 \cdot (-2)^3}{3 \cdot \left(\dfrac{-1}{3}\right)^2} =$

**Solución 8.**

(a) $(-2)^3 = (-2) \cdot (-2) \cdot (-2) = -8.$

(b) $-2^3 = -(2 \cdot 2 \cdot 2) = -8.$

(c) $(-2)^4 = (-2) \cdot (-2) \cdot (-2) \cdot (-2) = 16.$

(d) $-2^4 = -(2 \cdot 2 \cdot 2 \cdot 2) = -16.$

(e) $\left(\dfrac{-1}{3}\right)^2 = \dfrac{1}{9}.$

(f) $\left(\dfrac{-1}{3}\right)^{-2} = \dfrac{1}{\left(\dfrac{-1}{3}\right)^2} = \dfrac{1}{\dfrac{1}{9}} = 9.$

(g) $(5^2)^{-5} = 5^{-10} = \dfrac{1}{5^{10}} = \dfrac{1}{9765625}.$

(h) $\dfrac{-2^4 \cdot (-2)^3}{3 \cdot \left(\dfrac{-1}{3}\right)^2} = \dfrac{-16 \cdot (-8)}{\dfrac{3}{9}} = \dfrac{\dfrac{128}{1}}{\dfrac{1}{3}} = \dfrac{128 \cdot 3}{1 \cdot 1} = 384.$

**Ejercicio 9.**

**Realice las siguientes operaciones (raíces):**

(a) $\sqrt{33 + \sqrt{9}} =$

(b) $\dfrac{2}{5} \cdot \dfrac{\sqrt{50}}{\sqrt[4]{2^6}} =$

(c) $5\sqrt{2} + 5\sqrt{49} - 35\sqrt{2} =$

(d) $\sqrt[3]{2^6} \cdot \sqrt[3]{4 \cdot 5} =$

## Solución 9.

(a) $\sqrt{33+\sqrt{9}} = \sqrt{33+3} = \sqrt{36} = 6.$

(b) $\dfrac{2}{5} \cdot \dfrac{\sqrt{50}}{\sqrt[4]{2^6}} = \dfrac{2}{5} \cdot \dfrac{\sqrt{2\cdot 25}}{2^{6/4}} = \dfrac{2}{5} \cdot \dfrac{\sqrt{2}\cdot\sqrt{25}}{2^{3/2}} = \dfrac{2}{5} \cdot \dfrac{\sqrt{2}\cdot 5}{2^{1/2}\cdot 2^{2/2}} = \dfrac{\cancel{2}}{\cancel{5}} \cdot \dfrac{\sqrt{2}\cdot 5}{\sqrt{2}\cdot 2} = 1.$

(c) $5\sqrt{2} + 5\sqrt{49} - 35\sqrt{2} = -30\sqrt{2} + 5\cdot 7 = -30\sqrt{2} + 35.$

(d) $\sqrt[3]{2^6} \cdot \sqrt[3]{4\cdot 5} = 2^2 \cdot 4^{1/3} \cdot 5^{1/3} = 4^{(1+1/3)} \cdot 5^{1/3} = 4^{4/3} \cdot 5^{1/3} = \sqrt[3]{256\cdot 5} = \sqrt[3]{1280}.$

## 1.4. OPERACIONES BÁSICAS: SIMPLIFICACIÓN Y FACTOR COMÚN

**Ejercicio 10.**
**Realice las siguientes operaciones:**

(a) $(7x^2)^{0.5} =$

(b) $\sqrt[3]{y^{-9}} =$

(c) $x(4\cdot x^{-0.5})^0 =$

## Solución 10.

(a) $(7x^2)^{0.5} = 7^{0.5} x^{2\cdot 0.5} =^6 = \sqrt{7}x.$

$^6 2\cdot 0.5 = \dfrac{2}{1} \cdot \dfrac{1}{2} = \dfrac{2}{2} = 1$

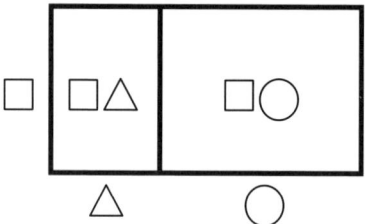

**Figura 1.2.** Diagrama del factor común: $\square\triangle + \square\bigcirc = \square(\triangle + \bigcirc)$.

(b) $\sqrt[3]{y^{-9}} = (y^{-9})^{1/3} = y^{-9/3} = \dfrac{1}{y^{9/3}} = \dfrac{1}{y^3}$.

(c) $x(4 \cdot x^{-0.5})^0 = x \cdot 4^0 \cdot x^{-0.5 \cdot 0} = x \cdot 1 \cdot 1 = x$.

**Ejercicio 11.**
**Calcule el factor común de las siguientes expresiones:**

(a) $\dfrac{5y^5}{2} + \dfrac{5}{4}y^2 - \dfrac{y}{2} =$

(b) $6(x+1) + \dfrac{2}{3}(x+1) - 5x - 5 =$

(c) $6x^2y^4 + 3x^2y^2z^3 - 21\dfrac{xyz}{x^{-2}} =$

(d) $ab + ac - be - ce =$

---
Factor común:
$$ax + bx = x(a+b)$$
---

**Tabla 1.1.** Fórmula del factor común.

**Solución 11.**

(a) $\dfrac{5y^5}{2} + \dfrac{5}{4}y^2 - \dfrac{y}{2} = \dfrac{y}{2}\left(5y^4 + \dfrac{5}{2}y - 1\right).$

(b) $6(x+1) + \dfrac{2}{3}(x+1) - 5x - 5 =$

$6(x+1) + \dfrac{2}{3}(x+1) - 5(x+1) =$

$\left(6 + \dfrac{2}{3} - 5\right)(x+1) = \left(\dfrac{18 + 2 - 15}{3}\right)(x+1) =$

$\left(\dfrac{5}{3}\right)(x+1) = \dfrac{5(x+1)}{3}.$

(c) $6x^2y^4 + 3x^2y^2z^3 - 21\dfrac{xyz}{x^{-2}} = 6x^2y^4 + 3x^2y^2z^3 - 21x^3yz =$

$2 \cdot 3x^2y^4 + 3x^2y^2z^3 - 3 \cdot 7x^3yz = (3x^2y)(2y^3 + yz^3 - 7xz).$

(d) $ab + ac - be - ce = a(b+c) - e(b+c) = (b+c)(a-e).$

**Ejercicio 12.**
**Simplifique las siguientes operaciones con variables:**

(a) $\dfrac{6}{18\sqrt{b}\,(a^2b)^{-\frac{1}{2}}} =$

(b) $\sqrt[5]{\sqrt[4]{\sqrt[3]{\sqrt{\dfrac{a^{200}}{a^{80}}}}}} =$

(c) $\sqrt{\dfrac{\sqrt[4]{a^2}\,\sqrt[3]{b^5}}{c^{-2}d^2}} =$

**Solución 12.**

(a) $\dfrac{6}{18\sqrt{b}\,(a^2b)^{-\frac{1}{2}}} = \dfrac{6\,(a^2b)^{\frac{1}{2}}}{6\cdot 3\sqrt{b}} = \dfrac{\sqrt{a^2b}}{3\sqrt{b}} = \dfrac{\sqrt{a^2}\sqrt{b}}{3\sqrt{b}} = \dfrac{a}{3}.$

(b) $\sqrt[5]{\sqrt[4]{\sqrt[3]{\sqrt{\dfrac{a^{200}}{a^{80}}}}}} = \sqrt[5]{\sqrt[4]{\sqrt[3]{\sqrt{a^{200-80}}}}} = \sqrt[5]{\sqrt[4]{\sqrt[3]{\sqrt{a^{120}}}}} =$

$\sqrt[5]{\sqrt[4]{\sqrt[3]{a^{\frac{120}{2}}}}} = \sqrt[5]{\sqrt[4]{\sqrt[3]{a^{60}}}} = \sqrt[5]{\sqrt[4]{a^{\frac{60}{3}}}} = \sqrt[5]{\sqrt[4]{a^{20}}} = \sqrt[5]{a^{\frac{20}{4}}} =$

$\sqrt[5]{a^5} = a^{\frac{5}{5}} = a.$

(c) $\sqrt{\dfrac{\sqrt[4]{a^2}\,\sqrt[3]{b^5}}{c^{-2}d^2}} = \sqrt{\dfrac{a^{2/4}b^{5/3}}{c^{-2}d^2}} = \sqrt{\dfrac{a^{1/2}b^{5/3}c^2}{d^2}} = \dfrac{a^{1/4}b^{5/6}c}{d}.$

## 1.5. OPERACIONES CON POLINOMIOS

**Ejercicio 13.**

**Simplifique las siguientes expresiones:**

(a) $(3x^4 - x^3 + 2x - 4) - (2x^4 + 2x^2 - 3x) =$

(b) $\left(\dfrac{3}{4}x^2 - 3x - \dfrac{7}{2}\right) + \left(\dfrac{5}{4}x^2 - 5x + \dfrac{3}{2}\right) =$

(c) $\left(\dfrac{a}{3}x^2y - \dfrac{8}{5}xy^2\right) - \left(\dfrac{a}{2}x^2y - \dfrac{5}{2}xy^2\right) =$

## 1. Matemática básica y operaciones

| | |
|---|---|
| $(a+b)^2 =$ | $a^2 + b^2 + 2ab$ |
| $(a-b)^2 =$ | $a^2 + b^2 - 2ab$ |
| $(a+b)(a-b) =$ | $(a^2 - b^2)$ |

**Tabla 1.2.** Productos notables más usados.

**Solución 13.**

(a) $(3x^4 - x^3 + 2x - 4) - (2x^4 + 2x^2 - 3x) =$

$3x^4 - 2x^4 - x^3 - 2x^2 + 2x + 3x + 4 =$

$-x^4 - x^3 - 2x^2 + 5x + 4 = -x(x^3 + x^2 + 2x - 5) + 4.$

(b) $\left(\dfrac{3}{4}x^2 - 3x - \dfrac{7}{2}\right) + \left(\dfrac{5}{4}x^2 - 5x + \dfrac{3}{2}\right) =$

$x^2\left(\dfrac{3}{4} + \dfrac{5}{4}\right) - 3x - 5x - \dfrac{7}{2} + \dfrac{3}{2} = x^2\left(\dfrac{8}{4}\right) - 8x + \dfrac{-7+3}{2} =$

$2x^2 - 8x - 2 = 2(x^2 - 4x - 1).$

(c) $\left(\dfrac{a}{3}x^2y - \dfrac{8}{5}xy^2\right) - \left(\dfrac{a}{2}x^2y - \dfrac{5}{2}xy^2\right) =$

$\dfrac{a}{3}x^2y - \dfrac{a}{2}x^2y - \dfrac{8}{5}xy^2 + \dfrac{5}{2}xy^2 = x^2y\left(\dfrac{a}{3} - \dfrac{a}{2}\right) + xy^2\left(-\dfrac{8}{5} + \dfrac{5}{2}\right) =$

$x^2y\left(\dfrac{-a}{6}\right) + xy^2\left(\dfrac{9}{10}\right) = \dfrac{-ax^2y}{6} + \dfrac{9xy^2}{10} =^7= \dfrac{-5ax^2y + 27xy^2}{30}.$

---

[7] $m.c.m.(6,10) = m.c.m.(2 \cdot 3, 2 \cdot 5) = 30$

**Ejercicio 14.**

Efectúe las siguientes potencias aplicando las productos notables:

(a) $(ax^2 + b)^2 =$

(b) $\left(\dfrac{3}{2}x^2 - 4\right)^2 =$

(c) $\left(2x^2 + \dfrac{3}{2}x\right)\left(2x^2 - \dfrac{3}{2}x\right) =$

(d) $\left(\dfrac{3x}{2} - \dfrac{y}{3}\right)^2 =$

**Solución 14.**

(a) $(ax^2 + b)^2 = (ax^2)^2 + b^2 + 2 \cdot ax^2 \cdot b = a^2x^4 + b^2 + 2ax^2b$.

(b) $\left(\dfrac{3}{2}x^2 - 4\right)^2 = \left(\dfrac{3}{2}x^2\right)^2 + 4^2 + 2\dfrac{3}{2}x^2 \cdot 4 = \dfrac{9x^4}{4} - 12x^2 + 16$.

(c) $\left(2x^2 + \dfrac{3}{2}x\right)\left(2x^2 - \dfrac{3}{2}x\right) = (2x^2)^2 - \left(\dfrac{3}{2}x\right)^2 = 4x^4 - \dfrac{9}{4}x^2 = \dfrac{16x^4 - 9x^2}{4} = \dfrac{x^2(16x^2 - 9)}{4}$.

(d) $\left(\dfrac{3x}{2} - \dfrac{y}{3}\right)^2 = \left(\dfrac{3x}{2}\right)^2 + \left(\dfrac{y}{3}\right)^2 - 2 \cdot \dfrac{3x}{2} \cdot \dfrac{y}{3} = \dfrac{9x^2}{4} + \dfrac{y^2}{9} - xy =[8]= \dfrac{81x^2 + 4y^2 - 36xy}{36}$.

---

[8] $m.c.m.(4, 9, 1) = m.c.m.(2^2, 3^2, 1) = 36$

*1. Matemática básica y operaciones*

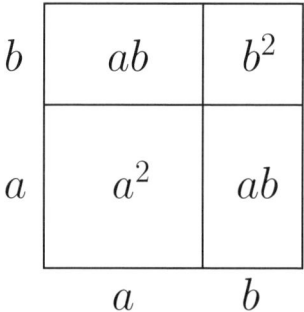

**Figura 1.3.** Diagrama del producto notable $(a+b)^2$, propuesto por Euclides de Alejandría alrededor del 300 a. de C.

**Ejercicio 15.**
**Justifique si son verdaderas o falsas las siguientes expresiones:**

(a) $4xy = (x+y)^2 - (x-y)^2$.

(b) $(a+b+\sqrt{a^2+b^2}) \cdot (a+b-\sqrt{a^2+b^2}) = 2ab$.

(c) $(a+b)^4 = a^4 + 4a^3b + 6a^2b^2 + 4ab^3 + b^4$.

(d) $\dfrac{x^6 + a^2x^2y}{x^6 - a^4y^2} = \dfrac{1}{x^3 - a^2y}$.

**Solución 15.**

(a) $4xy = (x+y)^2 - (x-y)^2$.

Desarrollando la parte derecha de la igualdad necesitamos conseguir que su resultado sea $4xy$ para poder justificar que es verdadero; en caso contrario será falso:

$$(x+y)^2 - (x-y)^2 = (x^2+y^2+2xy) - (x^2+y^2-2xy) =$$
$$x^2 + y^2 + 2xy - x^2 - y^2 + 2xy = 4xy \to \textit{verdadero}.$$

(b) $(a + b + \sqrt{a^2 + b^2}) \cdot (a + b - \sqrt{a^2 + b^2}) = 2ab$.

Desarrollando la parte izquierda de la igualdad necesitamos conseguir que su resultado sea $2ab$ para justificar que es verdadero; en caso contrario será falso:

$$(a + b + \sqrt{a^2 + b^2}) \cdot (a + b - \sqrt{a^2 + b^2}) =$$
$$[(a+b) + (\sqrt{a^2+b^2})] \cdot [(a+b) - (\sqrt{a^2+b^2})] =$$
$$(a+b)^2 - (a^2+b^2) = a^2 + b^2 + 2ab - a^2 - b^2 = 2ab \to$$
*verdadero*.

(c) $(a+b)^4 = a^4 + 4a^3b + 6a^2b^2 + 4ab^3 + b^4$.

Una manera de comprobar la veracidad de la expresión es aplicando el triángulo de Pascal, el cual permite resolver productos notables de grado superior a 2. Sin embargo, en este caso podemos plantear lo siguiente: $(a+b)^4 = (a+b)^2 \cdot (a+b)^2$. A pesar de ser más ineficiente, en este caso resolveremos los productos notables de grado 2 para demostrar la veracidad de la expresión:

$$(a^2 + b^2 + 2ab) \cdot (a^2 + b^2 + 2ab) =$$
$$a^4 + b^2a^2 + 2a^3b + a^2b^2 + b^4 + 2ab^3 + 2a^3b + 2ab^3 + 4a^2b^2 =$$
$$a^4 + 4a^3b + 6a^2b^2 + 4ab^3 + b^4 \to \textit{verdadero}.$$

(d) $\dfrac{x^6 + a^2x^2y}{x^6 - a^4y^2} = \dfrac{1}{x^3 - a^2y}$.

En este caso simplificamos la expresión de la izquierda paso a paso. Primero extraemos factor común del numerador:

$$x^6 + a^2x^3y = x^3(x^3 + a^2y).$$

El denominador, en cambio, lo escribiremos de la siguiente manera:

$$x^6 - a^4y^2 = \left(x^3\right)^2 - \left(a^2y\right)^2.$$

A continuación, aplicaremos la suma por diferencia, la cual es uno de los productos notables más usados:

$$\left(x^3\right)^2 - \left(a^2y\right)^2 = (x^3 + a^2y)(x^3 - a^2y).$$

Finalmente unimos la expresión del numerador y del denominador para proceder a simplificar:

$$\frac{x^6 + a^2x^2y}{x^6 - a^4y^2} = \frac{x^3(x^3 + a^2y)}{(x^3 + a^2y)(x^3 - a^2y)} = \frac{x^3}{x^3 - a^2y} \to \textit{falso}.$$

**Ejercicio 16.**
**Simplifique las siguientes expresiones:**

(a) $(1 - 2x^3) + 2x(x - 1)^2 =$

(b) $5(x^2 - 2) - 2(2 - 3x + 2x^2) + \dfrac{1}{3}(6 - 3x^2) =$

(c) $5x^2 - 4[3(x^2 - x) - (2x^2 - 3x + 4)] =$

(d) $(x - 2)(x + 2) - (1 - x^2)(5x - 2) =$

(e) $[x^2 + (2x - 3)] \cdot [x^2 - (2x - 3)] =$

(f) $(2x - 5)^2 - 2[4(x + 1)(x - 1) - (2x + 3)^2] =$

**Solución 16.**

(a) $(1-2x^3)+2x(x-1)^2 = 1-2x^3+2x(x^2+1-2\cdot x\cdot 1)=$
$1-2x^3+2x^3+2x-4x^2 = -4x^2+2x+1.$

(b) $5(x^2-2)-2(2-3x+2x^2)+\dfrac{1}{3}(6-3x^2)=$
$5x^2-10-4+6x-4x^2+\dfrac{6}{3}-\dfrac{3x^2}{3}=5x^2-4x^2-x^2+6x-10-4+2=$
$6x-12.$

(c) $5x^2-4[3(x^2-x)-(2x^2-3x+4)]=$
$5x^2-12x^2-x+8x^2-12x+16 = 5x^2-12x^2+8x^2-x-12x+16=$
$x^2-13x+16.$

(d) $(x-2)(x+2)-(1-x^2)(5x-2)=$
$x^2-2^2-(5x-2-5x^3+2x^2)=x^2-4-5x+2+x^3-2x^2=$
$5x^3+x^2-2x^2-5x-4+2 = 5x^3-x^2-5x-2.$

(e) $[x^2+(2x-3)]\cdot[x^2-(2x-3)]=(x^2)^2-(2x-3)^2=$
$x^4-((2x)^2+3^2-2\cdot 2x\cdot 3)=x^4-(4x^2+9-12x)=x^4-4x^2+12x-9.$

(f) $(2x-5)^2-2[4(x+1)(x-1)-(2x+3)^2]=$
$2^2x^2+5^2-2\cdot 2x\cdot 5-8(x^2-1^2)+2(4x^2+9+2\cdot 2x\cdot 3)=$
$4x^2+25-20x-8x^2+8+8x^2+18+24x=$
$4x^2-20x+24x+25+8+18 = 4x^2+4x+51.$

## 1. Matemática básica y operaciones

**Ejercicio 17.**

¿Representan estas expresiones monomios o polinomios? Identifique el grado de los monomios o polinomios en caso afirmativo.

(a) $P(x) = \sqrt[3]{x^6} + 2x$.

(b) $Q(x) = \dfrac{3x}{x^2}$.

(c) $N(x) = \dfrac{x^2}{3x}$.

(d) $B(x,y,z) = z\dfrac{3y}{x^{-1}}4x^6 + 3z\sqrt[4]{x^8} - y$.

(e) $T(x,y,z) = z\dfrac{3y}{x}4x^{-6} + 3z\sqrt[4]{x^8} - y$.

**Solución 17.**

(a) $P(x) = \sqrt[3]{x^6} + 2x = x^2 + 2x \Rightarrow Si, Gr[P(x)] = 2$.

(b) $Q(x) = \dfrac{3x}{x^2} = 3x^{-1} \Rightarrow No$.

(c) $N(x) = \dfrac{x^2}{3x} = \dfrac{x}{3} \Rightarrow Si, Gr[N(x)] = 1$.

(d) $B(x,y,z) = z\dfrac{3y}{x^{-1}}4x^6 + 3z\sqrt[4]{x^8} - y = 12x^7yz + 3x^2z - y \Rightarrow Si, Gr[B(x,y,z)] = 9$.

(e) $T(x,y,z) = z\dfrac{3y}{x}4x^{-6} + 3z\sqrt[4]{x^8} - y = 12x^{-7}yz + 3x^2z - y \Rightarrow No$.

**Ejercicio 18.**

Si $P(x, y) = 2xy^3$, desarrolle las siguientes expresiones:

(a) $0.5 \cdot P(x, y) =$

(b) $0.5 \cdot P(1, -1) =$

(c) $P(x, y) + Q(x, y) =$, siendo $Q(x, y) = -12xy^3$

(d) $P(x, y) \cdot 5 =$

(e) $P(x, y) \cdot 5x =$

**Solución 18.**

(a) $0.5 \cdot P(x, y) = xy^3$.

(b) $0.5 \cdot P(1, -1) = (1) \cdot (-1)^3 = -1$.

(c) $P(x, y) + Q(x, y) =$, siendo $Q(x, y) = -12xy^3 \rightarrow$
$P(x, y) + Q(x, y) = 2xy^3 - 12xy^3 = -10xy^3$.

(d) $P(x, y) \cdot 5 = 10xy^3$.

(e) $P(x, y) \cdot 5x = 10x^2y^3$.

## 1. Matemática básica y operaciones

**Ejercicio 19.**
Si $P(x) = x^2 - x + 1$, $Q(x) = 3 + 4x^2$ y $R(x) = x + 4$, efectúe los siguientes cálculos:

(a) $[P(x) + R(x)]Q(x) =$

(b) $P(4)R(0) + 5[Q(-1)]^3 =$

**Solución 19.**

(a) $[P(x) + R(x)]Q(x) = [(x^2 - x + 1) + (x + 4)] \cdot (3 + 4x^2) =$
$(x^2 + 5) \cdot (3 + 4x^2) = 4x^4 + 23x^2 + 15.$

(b) $P(4)R(0) + 5[Q(-1)]^3 = (4^2 - 4 + 1) \cdot (0 + 4) + 5 \cdot (3 + 4(-1)^2)^3 =$
$(13) \cdot (4) + 5 \cdot (343) = 52 + 1715 = 1767.$

**Ejercicio 20.**
Dados los siguientes polinomios:
$P(x) = 3x^4 - 2x^3 + x^2 + \dfrac{3}{4}x$, $Q(x) = \dfrac{1}{3}x^4 - \dfrac{2}{3}x^2 - 3$ y
$R(x) = -2x^3 + \dfrac{1}{2}x + 6$, calcule:

(a) $P(x) + Q(x) - R(x) =$

(b) $2 \cdot P(-1) + Q(0) + \dfrac{1}{2}R(x) =$

**Solución 20.**

(a) $P(x) + Q(x) - R(x) =$

$$\left(3x^4 - 2x^3 + x^2 + \frac{3}{4}x\right) + \left(\frac{1}{3}x^4 - \frac{2}{3}x^2 - 3\right) - \left(-2x^3 + \frac{1}{2}x + 6\right) =$$

$$x^4\left(3 + \frac{1}{3}\right) + x^3(-2 + 2) + x^2\left(1 - \frac{2}{3}\right) + x\left(\frac{3}{4} - \frac{1}{2}\right) + (-3 - 6) =$$

$$x^4\left(\frac{10}{3}\right) + x^2\left(\frac{1}{3}\right) + x\left(\frac{1}{4}\right) - 9.$$

(b) $2 \cdot P(-1) + Q(0) + \frac{1}{2}R(x) =$

$$2\left(3(-1)^4 - 2(-1)^3 + (-1)^2 + \frac{3}{4}(-1)\right) +$$

$$\left(\frac{1}{3}0^4 - \frac{2}{3}0^2 - 3\right) + \frac{1}{2}\left(-2x^3 + \frac{1}{2}x + 6\right) =$$

$$2\left(3 + 2 + 1 - \frac{3}{4}\right) + (-3) + \left(-x^3 + \frac{x}{4} + 3\right) =$$

$$2\left(\frac{24}{4} - \frac{3}{4}\right) - 3 - x^3 + \frac{x}{4} + 3 =$$

$$2 \cdot \frac{21}{4} - x^3 + \frac{x}{4} = -x^3 + \frac{x}{4} + \frac{21}{2}.$$

**Ejercicio 21.**

Dado el polinomio $P(x) = -x^5 + 3x^3 - 2x + 3$, busque el polinomio que, restado de $P(x)$, dé como resultado los siguientes polinomios:

(a) $-x^4 + 3x^3 - x + 2$.

(b) $-3x^5 + 4x^3 - 3x^2 - 2x + 6$.

**Solución 21.**

(a) La solución será: $P(x) - Q(x) = -x^4 + 3x^3 - x + 2$, donde $Q(x)$ es el polinomio que hay que buscar. Por lo tanto:

$$Q(x) = P(x) - (-x^4 + 3x^3 - x + 2).$$

Desarrollando la resta obtenemos que:

$$Q(x) = P(x) - (-x^4 + 3x^3 - x + 2) =$$
$$P(x) + x^4 - 3x^3 + x - 2 =$$
$$-x^5 + 3x^3 - 2x + 3 + x^4 - 3x^3 + x - 2 =$$
$$-x^5 + x^4 + x^3(3-3) + x(-2+1) + (3-2) =$$
$$-x^5 + x^4 - x + 1.$$

(b) La solución será: $P(x) - Q(x) = -3x^5 + 4x^3 - 3x^2 - 2x + 6$, donde $Q(x)$ es el polinomio que hay que buscar. Por lo tanto:

$$Q(x) = P(x) - (-3x^5 + 4x^3 - 3x^2 - 2x + 6).$$

Desarrollando la resta obtenemos que:

$$Q(x) = P(x) - (-3x^5 + 4x^3 - 3x^2 - 2x + 6) =$$
$$P(x) + 3x^5 - 4x^3 + 3x^2 + 2x - 6 =$$
$$-x^5 + 3x^3 - 2x + 3 + 3x^5 - 4x^3 + 3x^2 + 2x - 6 =$$
$$x^5(-1+3) + x^3(3-4) + 3x^2 + x(-2+2) + (3-6) =$$
$$2x^5 - x^3 + 3x^2 - 3.$$

*75 problemas resueltos de matemáticas para nuevos estudiantes de ADE y Economía*

**Ejercicio 22.**
**Multiplique y simplifique las siguientes operaciones:**

(a) $P(x) = 3x^3 + 2x^2 - 3; Q(x) = -x^2 + 2x + 5$

(b) $(3x^2 - x)(2x^3 - 4x + 5) =$

(c) $\left(\dfrac{1}{2}x^2 - \dfrac{2}{5}\right) \cdot (10x^2 - 20x - 10) =$

(d) $(x^2 + 3y - z^2)(x^2 + 3y + z^2) =$

**Solución 22.**

(a) $P(x) = 3x^3 + 2x^2 - 3; Q(x) = -x^2 + 2x + 5 \rightarrow P(x){\cdot}Q(x)$

$P(x) \cdot Q(x) = (3x^3 + 2x^2 - 3) \cdot (-x^2 + 2x + 5) =$

$-3x^5 + 6x^4 + 15x^3 - 2x^4 + 4x^3 + 10x^2 + 3x^2 - 6x - 15 =$

$-3x^5 + 4x^4 + 19x^3 + 13x^2 - 6x - 15.$

(b) $(3x^2 - x)(2x^3 - 4x + 5) = 6x^5 - 12x^3 + 15x^2 - 2x^4 + 4x^2 - 5x =$

$x(6x^4 - 2x^3 - 12x^2 + 19x - 5).$

(c) $\left(\dfrac{1}{2}x^2 - \dfrac{2}{5}\right) \cdot (10x^2 - 20x - 10) =$

$5x^4 - 10x^3 - 5x^2 - 4x^2 + 8x + 4 =$

$5x^4 - 10x^3 - 9x^2 + 8x + 4.$

(d) $(x^2 + 3y - z^2)(x^2 + 3y + z^2)$. Para facilitar su resolución, en este caso podemos hacer las siguientes transformaciones:

$\{a = x^2 + 3y\}, \{b = z^2\}.$

## 1. Matemática básica y operaciones

De esta manera obtenemos lo siguiente:

$$(x^2 + 3y - z^2)(x^2 + 3y + z^2) \to (a-b)(a+b).$$

Lo cual corresponde a la siguiente identidad notable:

$$(a-b)(a+b) = a^2 - b^2.$$

Deshaciendo el cambio tenemos:

$$(x^2 + 3y)^2 - (z^2)^2.$$

Donde $(x^2 + 3y)^2$ es otra identidad notable.

Desarrollando y uniendo las expresiones oportunas, ya podremos calcular el resultado final, como se muestra a continuación:

$$\left((x^2)^2 + (3y)^2 + 2 \cdot x^2 \cdot 3y\right) - (z^2)^2 = x^4 + 9y^2 + 6x^2y - z^4.$$

**Ejercicio 23.**
**Divida los siguientes polinomios:**

(a) $P(x) : Q(x)$, sabiendo que $P(x) = 3x^5 + 5x + 2$ y $Q(x) = x^2 + 1$.

(b) Siendo el dividendo $x^4 - 2x^3 + x^2 + 2x + 1$ y el divisor $x^2 + 3x - 1$.

(c) Dividendo: $x^5 + 2x^3 - x - 8$. Divisor: $x^2 - 2x + 1$.

(d) $(x^4 - 3x^2 + 2) : (x - 3)$.

(e) $(-x^4 + x^5 - 5x + 3) : (x + 1)$.

**Solución 23.**

(a) $P(x) : Q(x)$, sabiendo que $P(x) = 3x^5 + 5x + 2$ y $Q(x) = x^2 + 1$.

$$\begin{array}{r}
(\phantom{-}3x^5 \phantom{- 3x^3} + 5x + 2) \div (x^2 + 1) = 3x^3 - 3x + \dfrac{8x+2}{x^2+1} \\
\underline{-3x^5 - 3x^3 \phantom{+ 5x + 2}} \\
-3x^3 + 5x \phantom{+ 2} \\
\underline{\phantom{-}3x^3 + 3x \phantom{+ 2}} \\
8x \phantom{+ 2}
\end{array}$$

Por lo tanto, el cociente es $C(x) = 3x^3 - 3x$ y el resto, $R(x) = 8x + 2$.

## 1. Matemática básica y operaciones

(b) **Siendo el dividendo $x^4 - 2x^3 + x^2 + 2x + 1$ y el divisor $x^2 + 3x - 1$**

$$\begin{array}{l}
(\phantom{-}x^4 - 2x^3 \phantom{+0x^2} + x^2 + 2x + 1) \div (x^2 + 3x - 1) = x^2 - 5x + 17 + \dfrac{-54x + 18}{x^2 + 3x - 1} \\
\underline{-x^4 - 3x^3 \phantom{+0x^2} + x^2} \\
\phantom{-x^4}-5x^3 + 2x^2 + 2x \\
\underline{\phantom{-x^4}\phantom{-}5x^3 + 15x^2 - 5x} \\
\phantom{-x^4-5x^3+}17x^2 - 3x + 1 \\
\underline{\phantom{-x^4-5x^3+}-17x^2 - 51x + 17} \\
\phantom{-x^4-5x^3+17x^2}-54x + 18
\end{array}$$

Así pues, el cociente es $C(x) = x^2 - 5x + 17$ y el resto, $R(x) = -54x + 18$.

(c) **Dividendo: $x^5 + 2x^3 - x - 8$. Divisor: $x^2 - 2x + 1$.**

$$\begin{array}{l}
(\phantom{-}x^5 \phantom{+0x^4} + 2x^3 \phantom{+0x^2} - x - 8) \div (x^2 - 2x + 1) = x^3 + 2x^2 + 5x + 8 + \dfrac{10x - 16}{x^2 - 2x + 1} \\
\underline{-x^5 + 2x^4 - x^3} \\
\phantom{-x^5}\phantom{+}2x^4 + x^3 \\
\underline{\phantom{-x^5}-2x^4 + 4x^3 - 2x^2} \\
\phantom{-x^5+2x^4}\phantom{+}5x^3 - 2x^2 - x \\
\underline{\phantom{-x^5+2x^4}-5x^3 + 10x^2 - 5x} \\
\phantom{-x^5+2x^4+5x^3}\phantom{+}8x^2 - 6x - 8 \\
\underline{\phantom{-x^5+2x^4+5x^3}-8x^2 + 16x - 8} \\
\phantom{-x^5+2x^4+5x^3+8x^2}10x - 16
\end{array}$$

Con lo cual, el cociente queda como $C(x) = x^3 + 2x^2 + 5x + 8$ y el resto, $R(x) = 10x - 16$.

(d) $(x^4 - 3x^2 + 2) : (x - 3)$.

Esta expresión se puede escribir de la siguiente manera:

$(x^4 + 0x^3 - 3x^2 + 0x + 2) : (x - 3).$

En este caso podemos aplicar la regla de Ruffini debido a que el divisor es un monomio de la forma $(x + a)$. En consecuencia, plantearemos el esquema de la regla de Ruffini. El primer paso consistirá en bajar el primer coeficiente, tal como sigue:

$$\begin{array}{c|ccccc} & 1 & 0 & -3 & 0 & 2 \\ 3 & & & & & \\ \hline & 1 & & & & \end{array}$$

A continuación multiplicamos el número que hemos bajado por el coeficiente 3. Su resultado se añade debajo del coeficiente 0, tal que así:

$$\begin{array}{c|ccccc} & 1 & 0 & -3 & 0 & 2 \\ 3 & & 3 & & & \\ \hline & 1 & & & & \end{array}$$

El siguiente paso consiste en hacer la suma $(0 + 3)$ y colocar su resultado debajo:

$$\begin{array}{c|ccccc} & 1 & 0 & -3 & 0 & 2 \\ 3 & & 3 & & & \\ \hline & 1 & 3 & & & \end{array}$$

Repetimos el procedimiento para el resto de coeficientes, obteniendo lo siguiente:

$$\begin{array}{c|ccccc} & 1 & 0 & -3 & 0 & 2 \\ 3 & & 3 & 9 & & \\ \hline & 1 & 3 & & & \end{array} \rightarrow \begin{array}{c|ccccc} & 1 & 0 & -3 & 0 & 2 \\ 3 & & 3 & 9 & & \\ \hline & 1 & 3 & 6 & & \end{array} \rightarrow$$

$$\begin{array}{c|ccccc} & 1 & 0 & -3 & 0 & 2 \\ 3 & & 3 & 9 & 18 & \\ \hline & 1 & 3 & 6 & & \end{array}$$

1. *Matemática básica y operaciones*

Finalmente:

$$\begin{array}{r|rrrr} & 1 & 0 & -3 & 0 & 2 \\ 3 & & 3 & 9 & 18 & 54 \\ \hline & 1 & 3 & 6 & 18 & 56 \end{array}$$

Con lo cual, el cociente $C(x) = x^3 + 3x^2 + 6x + 18$, siendo el resto $R = 56$.

(e) $(-x^4 + x^5 - 5x + 3) : (x + 1)$.

Esta expresión se puede plantear de la siguiente manera:

$(x^5 - x^4 + 0x^3 + 0x^2 - 5x + 3) : (x + 1)$.

Nuevamente podemos aplicar la regla de Ruffini, pues el divisor es un monomio de la forma $(x + a)$. El cociente en este caso es $-1$, y al igual que en el ejemplo anterior, cambiamos el signo:

$$\begin{array}{r|rrrrrr} & 1 & -1 & 0 & 0 & -5 & 3 \\ -1 & & & & & & \\ \hline & & & & & & \end{array} \rightarrow \begin{array}{r|rrrrrr} & 1 & -1 & 0 & 0 & -5 & 3 \\ -1 & & -1 & 2 & -2 & 2 & 3 \\ \hline & 1 & -2 & 2 & -2 & -3 & 6 \end{array}$$

Finalmente, el cociente $C(x) = x^4 - 2x^3 + 2x^2 - 2x - 3$, siendo el resto $R = 6$.

> **Ejercicio 24.**
> 
> **Calcule las siguientes composiciones de funciones[a]:**
> 
> (a) $f(x)$ **compuesta con** $g(x)$, **cuando** $f(x) = \dfrac{x+1}{x-1}$ y $g(x) = \dfrac{1}{x}$.
> 
> (b) $g(x)$ **compuesta con** $f(x)$, **cuando** $f(x) = \dfrac{x+1}{x-1}$ y $g(x) = \dfrac{1}{x}$.
> 
> ---
> 
> [a]La composición de funciones se vuelve a trabajar en el cuarto tema de este libro.

**Solución 24.**

(a) La $f(x)$ compuesta con $g(x)$ se representa como $(g \circ f)(x)$. Su solución es:

$$(g \circ f)(x) = g(f(x)) = \frac{1}{(x)} = \frac{1}{\frac{x+1}{x-1}} = \frac{x-1}{x+1}.$$

(b) $g(x)$ compuesta con $f(x)$, o lo que es lo mismo, $(f \circ g)(x)$, se calcula de la siguiente manera:

$$(f \circ g)(x) = f(g(x)) = \frac{(x)+1}{(x)-1} = \frac{\frac{1}{x}+1}{\frac{1}{x}-1} = \frac{\frac{1+x}{x}}{\frac{1-x}{x}} = \frac{1+x}{1-x}.$$

# 2. Ecuaciones, inecuaciones y sistemas de ecuaciones con tres incógnitas

*Hay gente que dice: «Nunca voy a necesitar las matemáticas» [...] Ahí está el truco: vayas o no a usar las matemáticas en tu vida, el hecho de que hayas sido capaz de entenderlas deja una huella en tu cerebro que no existía antes, y esa huella es la que te convierte en un solucionador de problemas.*
Neil deGrasse Tyson,
Estados Unidos (60 años en 2019).

**CONTENIDO**

2.1. Ecuaciones de primer y segundo grado.
2.2. Inecuaciones.
2.3. Sistemas de tres ecuaciones lineales con tres incógnitas.
2.4. Más problemas de sistemas de ecuaciones lineales con tres incógnitas.

## 2.1. ECUACIONES DE PRIMER Y SEGUNDO GRADO

**Ejercicio 25.**
**Resuelva las siguientes ecuaciones:**

(a) $\dfrac{2x+1}{3x-2} = \dfrac{4x+7}{1-2x}$

(b) $\dfrac{3}{4}\left(x + \dfrac{1}{6}\right) = \dfrac{2}{3} : \dfrac{12}{9}$

(c) $\sqrt{2x-1} = \dfrac{x+1}{\sqrt{x-1}}$

(d) $2x^2 + 5x = 0$

(e) $\dfrac{1}{x-1} + \dfrac{x}{x+1} = \dfrac{5}{x^2-1}$

(f) $\sqrt{x} + x = 6$

(g) $x^7 + x^6 = 12x^5$

(h) $8x^{\frac{5}{3}} + 20x^{\frac{2}{3}} = 0$

**Solución 25.**

(a) $\dfrac{2x+1}{3x-2} = \dfrac{4x+7}{1-2x} \to (2x+1)(1-2x) = (4x+7)(3x-2)$

$1 - 4x^2 = 12x^2 - 8x + 21x - 14 \to 16x^2 + 13x - 15 = 0$

$x = \dfrac{-13 \pm \sqrt{(13)^2 - 4 \cdot 16 \cdot (-15)}}{2 \cdot 16} = \dfrac{13 \pm \sqrt{1129}}{32}$

$x = \dfrac{13 \pm 33.6}{32} \to (x_1 = 1.5), (x_2 = -0.6).$

## 2. Ecuaciones, inecuaciones y sistemas de ecuaciones

(b) $\dfrac{3}{4}\left(x+\dfrac{1}{6}\right)=\dfrac{2}{3}\div\dfrac{12}{9}\to\dfrac{3x}{4}+\dfrac{3}{24}=\dfrac{\frac{2}{3}}{\frac{12}{9}}$

$\dfrac{3x}{4}+\dfrac{1}{8}=\dfrac{2\cdot 9}{3\cdot 12}\to\dfrac{3x}{4}+\dfrac{1}{8}=\dfrac{1}{2}\to$ [1]

$\dfrac{2\cdot 3x+1}{8}=\dfrac{4\cdot 1}{8}\to 6x+1=4\to x=\dfrac{3}{6}\to x=\dfrac{1}{2}.$

(c) $\sqrt{2x-1}=\dfrac{x+1}{\sqrt{x-1}}\to\left(\sqrt{2x-1}\right)^2=\dfrac{(x+1)^2}{\left(\sqrt{x-1}\right)^2}$

$(2x-1)(x-1)=(x+1)^2\to 2x^2-2x-x+1=x^2+1+2x$

$x^2-5x=0\to x(x-5)=0\to(x_1=0),(x_2=5).$

(d) $2x^2+5x=0\to x(2x+5)=0\to(x_1=0),\left(x_2=\dfrac{-5}{2}\right).$

(e) $\dfrac{1}{x-1}+\dfrac{x}{x+1}=\dfrac{5}{x^2-1}\to\dfrac{(x+1)+x(x-1)}{x^2-1}=\dfrac{5}{x^2-1}\to$ [2]

$(x+1+x^2-x)=\dfrac{5(x^2-1)}{(x^2-1)}\to x^2=4\to x=\pm\sqrt{4}\to x=\pm 2.$

(f) $\sqrt{x}+x=6\to(\sqrt{x})^2=(6-x)^2\to x=36+x^2-12x$

$-x^2+13x-36=0\to x=\dfrac{-13\pm\sqrt{13^2-4\cdot(-1)\cdot(-36)}}{2\cdot(-1)}$

$x=\dfrac{-13\pm\sqrt{169-144}}{2\cdot(-1)}\to x=\dfrac{-13\pm\sqrt{25}}{-2}$

$x=\dfrac{-13\pm 5}{-2}\to(x_1=4),(x_2=9).$

---

[1] $m.c.m.(4,8,2)=m.c.m.(2^2,2^3,2)=8$

[2] Calculamos el m.c.m. de las dos fracciones a la izquierda de la igualdad:
$m.c.m.((x+1),(x-1))=(x+1)(x-1)=(x^2-1)$

(g) $x^7 + x^6 = 12x^5 \to x^5(x^2 + x) = 12x^5 \to x^2 + x - 12 = 0$

$$x = \frac{-1 \pm \sqrt{1^2 - 4 \cdot 1 \cdot (-12)}}{2 \cdot 1} = \frac{-1 \pm \sqrt{49}}{2} = \frac{-1 \pm 7}{2}$$

$(x_1 = 3), (x_2 = -4)$.

(h) $8x^{\frac{5}{3}} + 20x^{\frac{2}{3}} = 0 \to 8x^{\frac{6}{3} - \frac{1}{3}} + 20x^{\frac{3}{3} - \frac{1}{3}} = 0$

$8x^{\frac{6}{3}}x^{-\frac{1}{3}} + 20x^{\frac{3}{3}}x^{-\frac{1}{3}} = 0 \to x^{-\frac{1}{3}}(8x^2 + 20x) = 0$

$x^{-\frac{1}{3}}(x(8x + 20)) = 0 \to x^{-\frac{1}{3}+1}(8x + 20) = 0$

$x^{\frac{2}{3}}(8x + 20) = 0 \to (x_1 = 0), \left(x_2 = -\frac{5}{2}\right)$.

**Ejercicio 26.**
**Dos compañías distintas operan en el sector de las telecomunicaciones. La compañía A tiene un beneficio anual que puede ser aproximado por la siguiente ecuación: $B_1(x) = x + 6$. En cambio, la compañía B tiene un beneficio anual aproximado por: $B_2(x) = -x + 3$. Se estima que si ambas compañías se fusionasen, el beneficio se multiplicaría. Si la previsión consiste en que la compañía fusionada durase dos años, ¿conviene hacer la fusión?, ¿y si fueran cuatro años?**

**Solución 26.**

La fusión implica que los beneficios se multiplican:
$B_{fusion}(x) = B_1(x) \cdot B_2(x) = (x+6)(-x+3) = -x^2 + 3x - 6x + 18 = -x^2 - 3x + 18$.

Al resolver la ecuación de segundo grado se obtiene que:
$x_1 = 3, x_2 = -6$.

Además, sabemos que el punto de corte en el eje vertical es 18. Con esos datos podemos representar la ecuación de segundo grado, la cual se muestra en la figura 2.1.

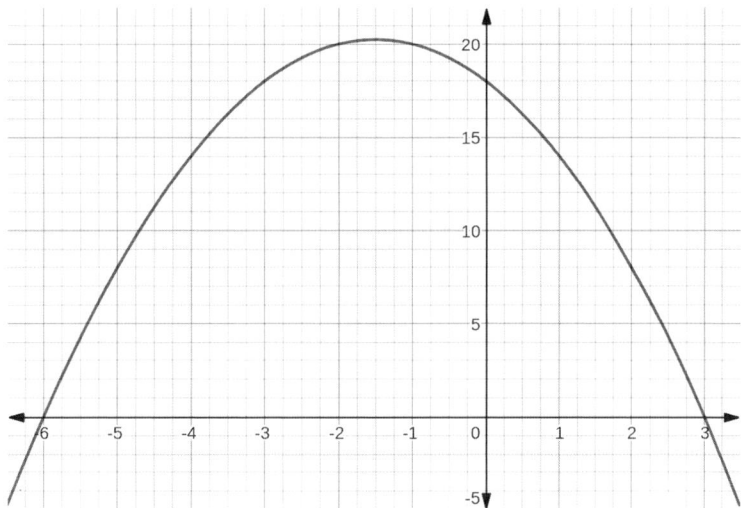

**Figura 2.1.** Resultado de la fusión de $B_1(x) = x + 6$ y $B_2(x) = -x + 3$, dando lugar a $B_{fusion}(x) = -x^2 - 3x + 18$.

Si nos fijamos en valores de $x > 0$, los cuales corresponden a los años de funcionamiento de la nueva compañía fusionada, vemos que de 0 a 3 años los beneficios son positivos, a pesar de que disminuyen anualmente.

Si la previsión es mantener la compañía fusionada menos de tres años, la fusión es conveniente. Para más de tres años los beneficios son negativos y no convendría hacer la fusión.

## 2.2. INECUACIONES

**Ejercicio 27.**
**Resuelva las siguientes inecuaciones:**

(a) $(x-2)\left(x+\dfrac{1}{2}\right) < x^2 - x + 1$.

(b) $3x^2 - 7x < -2$.

(c) $\dfrac{x+3}{3} - \dfrac{4}{x+2} > \dfrac{x}{3}$.

(d) $\sqrt{x+4} - \sqrt{x-1} > 1$.

(e) $|7-2x| \geq x - 3$.

**Solución 27.**

(a) $(x-2)\left(x+\dfrac{1}{2}\right) < x^2 - x + 1$

$$x^2 + \dfrac{x}{2} - 2x - 1 < x^2 - x + 1 \to \dfrac{x}{2} - 2x + x < 1 + 1$$

$$-\dfrac{x}{2} < 2 \to -x < 4 \to x > -4.$$

De esta manera, la solución de la inecuación en forma de intervalo y en forma gráfica viene dada por:

Intervalo: $(-4, \infty)$

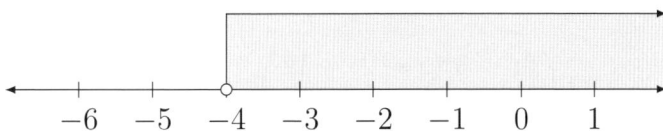

(b) $3x^2 - 7x < -2 \to 3x^2 - 7x + 2 < 0$

$$x = \frac{-(-7) \pm \sqrt{(-7)^2 - 4 \cdot 3 \cdot 2}}{2 \cdot 3} \to (x_1 = 0.33), (x_2 = 2).$$

Con estos puntos críticos ya podemos estudiar los intervalos:

- $(-\infty, 0.33) \to x = 0$ *(por ejemplo)*
  $0 - 0 < -2 \to ¿0 < -2? \to$ **NO**.
- $(0.33, 2) \to x = 1$ *(por ejemplo)*
  $3 - 7 < -2 \to ¿-4 < -2? \to$ **SÍ**.
- $(2, \infty) \to x = 3$ *(por ejemplo)*
  $27 - 21 < -2 \to ¿6 < -2? \to$ **NO**.

A continuación estudiamos los puntos críticos:

- $¿x = 0.33? \to 3(0.33)^2 - 7(0.33) < -2 \to ¿-2 < -2? \to$ **NO**.
- $¿x = 2? \to 3(2)^2 - 7(2) < -2 \to ¿-2 < -2? \to$ **NO**.

Concluimos con el intervalo donde se verifica la inecuación, así como con la solución gráfica:

Intervalo: $(0.33, 2)$

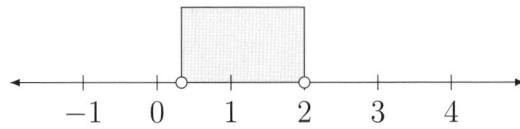

(c) $\dfrac{x+3}{3} - \dfrac{4}{x+2} > \dfrac{x}{3} \rightarrow \dfrac{(x+3)(x+2)-12}{3(x+2)} > \dfrac{x}{3} \rightarrow{}^3$

$3\left(\dfrac{(x+3)(x+2)-12}{3(x+2)}\right) > x$

$\dfrac{(x+3)(x+2)-12}{x+2} - x > 0 \rightarrow{}^4$

$\dfrac{x^2+2x+3x+6-12-x^2-2x}{x+2} > 0$

$\dfrac{3(x-2)}{x+2} > 0 \rightarrow \dfrac{x-2}{x+2} > 0.$

En este caso no podemos pasar el denominador $(x+2)$ a la parte derecha de la desigualdad porque estaríamos eliminando una solución. En cambio, lo que haremos es calcular los valores críticos igualando a cero numerador y denominador:

- *Numerador:* $x - 2 = 0 \rightarrow x = 2$.
- *Denominador:* $x + 2 = 0 \rightarrow x = -2$.

Estos dos puntos críticos generan tres intervalos que estudiamos a continuación. El objetivo es buscar si los números reales contenidos en cada intervalo verifican la inecuación.

- $(-\infty, -2) \rightarrow x = -3$ *(por ejemplo)*
  $\dfrac{-3-2}{-3+2} = 5 \rightarrow ¿5 > 0? \rightarrow$ **SÍ**.
- $(-2, 2) \rightarrow x = 0$ *(por ejemplo)*
  $\dfrac{0-2}{0+2} = -1 \rightarrow ¿-1 > 0? \rightarrow$ **NO**.
- $(2, \infty) \rightarrow x = 3$ *(por ejemplo)*
  $\dfrac{3-2}{3+2} = \dfrac{1}{5} \rightarrow ¿\dfrac{1}{5} > 0? \rightarrow$ **SÍ**.

---
[3] $m.c.m.(3, (x+2)) = 3(x+2)$

## 2. Ecuaciones, inecuaciones y sistemas de ecuaciones

A continuación estudiamos los puntos críticos:

- ¿$x = 2$? → $\dfrac{2-2}{2+2} > 0 \to$ ¿$0 > 0$? → NO.

- ¿$x = -2$? → $\dfrac{-2-2}{-2+2} > 0 \to \dfrac{-4}{0} > 0 \to$ Este resultado es una indefinición y, por tanto, el valor $x = -2$ no se incluye en la solución.

En consecuencias, la solución final viene dada por:

Intervalo: $(-\infty, -2) \cup (2, \infty)$

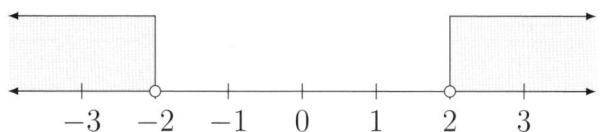

(d) $\sqrt{x+4} - \sqrt{x-1} > 1 \to \left(\sqrt{x+4} - \sqrt{x-1}\right)^2 > (1)^2$

$(x+4) + (x-1) - 2\sqrt{x+4}\sqrt{x-1} > 1$

$2x + 3 - 2\sqrt{(x+4)(x-1)} > 1 \to 2x + 2 > 2\sqrt{x^2 - x + 4x - 4}$

$\dfrac{2(x+1)}{2} > \sqrt{x^2 - x + 4x - 4} \to (x+1)^2 > \left(\sqrt{x^2 + 3x - 4}\right)^2$

$x^2 + 1 + 2x > x^2 + 3x - 4 \to x < 5.$

Debido a que la inecuación contiene raíces, hacemos el análisis de cada una de ellas, sabiendo que el valor de la raíz ha de ser mayor o igual a cero:

- $x + 4 \geq 0 \to x \geq -4$.
- $x - 1 \geq 0 \to x \geq 1$.

Así pues, planteamos la solución gráfica y nos quedamos con aquel intervalo común en las tres soluciones:

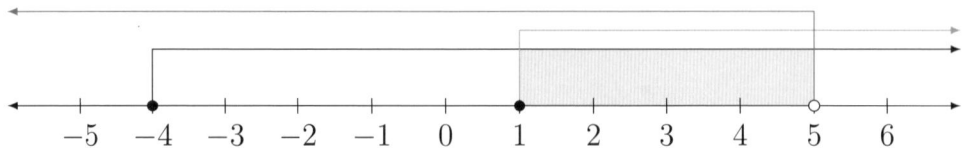

Con lo cual, la solución de esta inecuación la expresamos como:

Intervalo: $[1, 5)$

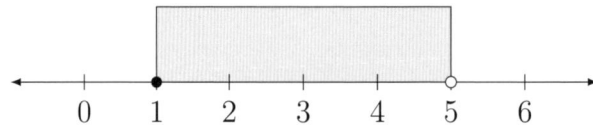

(e) $|7 - 2x| \geq x - 3$.

El resultado de la inecuación se encuentra en la unión de las soluciones de las siguientes tres inecuaciones:

- $7 - 2x \geq x - 3$.
- $7 - 2x \leq -(x - 3)$.
- $x - 3 \leq 0$.

En el caso de la tercera inecuación, se cumple que si $(x - 3)$ es negativo, cualquier valor absoluto será mayor.

Resolvemos, pues, las tres inecuaciones:

- $7 - 2x \geq x - 3 \to 10 - 3x \geq 0 \to -3x \geq -10 \to x \leq \dfrac{10}{3}$.
- $7 - 2x \leq -(x - 3) \to 4 \leq x$.
- $x - 3 \leq 0 \to x \leq 3$.

*2. Ecuaciones, inecuaciones y sistemas de ecuaciones*

La solución final de la inecuación es la unión de las tres soluciones obtenidas, con lo cual:

Intervalo: $\left(-\infty, \dfrac{10}{3}\right) \cup (4, \infty)$

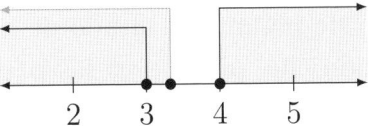

## 2.3. SISTEMAS DE TRES ECUACIONES LINEALES CON TRES INCÓGNITAS

Los sistemas de ecuaciones pueden ser resueltos por diferentes métodos. En este apartado, se hará una demostración de tres métodos: el método de Gauss, el método de Cramer y un método que combina los tres métodos básicos de sustitución, reducción e igualación. En consecuencia, se mostrará un ejemplo desarrollado de cada método. En el resto de ejercicios se mostrará el sistema de ecuaciones y la solución.

Se recomienda que el estudiante compruebe que la solución obtenida para cada variable se verifica en las tres ecuaciones del sistema correspondiente.

**Figura 2.2.** Johann Carl Friedrich Gauss, Alemania (†77 años).

> **Ejercicio 28.**
> Una persona va a una frutería y compra 1 kg de fresas, 2 kg de plátanos y 3 kg de peras, sabiendo que el precio del kilo de fresas excede en cincuenta céntimos al doble del precio conjunto del kilo de plátanos y el kilo de peras. Tras pagar 16.5 euros por todo ello, piensa: «si las peras y los plátanos tuviesen los precios intercambiados, me habría ahorrado 50 céntimos». Desarrolle y resuelva el sistema de ecuaciones que le permita averiguar el precio del kilo de cada una de las frutas.

**Solución 28.**

Precio del kilo de fresa: $x$; precio del kilo de plátanos: $y$; precio del kilo de peras: $z$.

$$\begin{cases} x + 2y + 3z = 16.5 \\ x = 2(y+z) + 0.5 \\ x + 2z + 3y = 16 \end{cases}$$

Este problema lo resolveremos paso a paso aplicando el método de Gauss. Este método es iterativo y busca transformar la matriz del sistema de ecuaciones en una matriz triangular inferior nula[5]. De esta manera, podremos calcular fácilmente las tres incógnitas. En un artículo de Joseph F. Grcar (Grcar, 2011), podemos leer el siguiente fragmento acerca del método de Gauss:

«Newton, en notas que preferiría no haber visto publicadas, describió un proceso para resolver ecuaciones simultáneas que los autores posteriores aplicaron específicamente a las ecuaciones lineales. Este método –que Euler

---

[5]Una *matriz triangular inferior nula* es aquella cuyos elementos por debajo de la diagonal principal son nulos.

## 2. Ecuaciones, inecuaciones y sistemas de ecuaciones

no recomendó, que Legendre llamó *ordinario* y que Gauss llamó *común*– ahora se llama así por Gauss: eliminación gaussiana [...]».

**Figura 2.3.** Isaac Newton, Inglaterra (†84 años).

**Figura 2.4.** Leonhard Paul Euler, Suiza (†76 años).

**Figura 2.5.** Adrien-Marie Legendre, Francia (†80 años).

En el caso que nos ocupa, de sistemas de tres ecuaciones con tres incógnitas, el método se aplicará como máximo tres veces. Esto se debe a que hay tres elementos debajo de la diagonal principal que hemos de anular.

El primer paso del método consiste en ordenar el sistema de tres ecuaciones para una mejor visualización. En nuestro caso, esto implica lo siguiente:

$$\begin{cases} x + 2y + 3z = 16.5 \\ x = 2(y+z) + 0.5 \\ x + 2z + 3y = 16 \end{cases} \Rightarrow \begin{cases} x + 2y + 3z = 16.5 \\ x - 2y - 2z = 0.5 \\ x + 3y + 2z = 16 \end{cases}$$

A continuación planteamos la matriz de la que parte este método:

$$\begin{array}{c} F_1 \\ F_2 \\ F_3 \end{array} \left( \begin{array}{ccc|c} 1 & 2 & 3 & 16.5 \\ 1 & -2 & -2 & 0.5 \\ 1 & 3 & 2 & 16 \end{array} \right)$$

Donde $F_1$, $F_2$, $F_3$ hacen referencia a las filas (tres ecuaciones) de nuestra matriz. En cuanto a las columnas, las tres primeras corresponden a los coeficientes de las incógnitas y la última al término independiente de cada ecuación.

Siguiendo un orden descendiente y de izquierda a derecha, el método cancelará los elementos de la triangular inferior. En nuestro caso estos son $(1, 1, 3)$, los cuales pueden cambiar su valor y signo a lo largo del método.

Para cancelar el primer elemento podemos restar la fila primera y la segunda: $F2 - F1$:

$$\begin{array}{rrrr} 1 & -2 & -2 & 0.5 \\ -1 & -2 & -3 & -16.5 \\ \hline 0 & -4 & -5 & -16 \end{array}$$

A continuación, el segundo elemento de la triangular inferior lo podemos cancelar restando la fila tres y la primera: $F_3 - F_1$:

$$\begin{array}{rrrr} 1 & 3 & 2 & 16 \\ -1 & -2 & -3 & -16.5 \\ \hline 0 & 1 & -1 & -0.5 \end{array}$$

## 2. Ecuaciones, inecuaciones y sistemas de ecuaciones

Con lo cual ya hemos realizado dos de las tres iteraciones del método de Gauss:

$$\begin{pmatrix} 1 & 2 & 3 & 16.5 \\ 1 & -2 & -2 & 0.5 \\ 1 & 3 & 2 & 16 \end{pmatrix} \begin{matrix} \leftarrow F_1 \\ \leftarrow F_2 - F_1 \\ \leftarrow F_3 - F1 \end{matrix} \begin{pmatrix} 1 & 2 & 3 & 16.5 \\ 0 & -4 & -5 & -16 \\ 0 & 1 & -1 & -0.5 \end{pmatrix}$$

La última iteración consiste en anular el elemento de la fila 3, columna 2. Esto lo podemos conseguir multiplicando la fila 3 por cuatro y sumando la fila 2: $F_3 \cdot 4 + F_2$:

$$\begin{array}{rrrr} 0 & -4 & -5 & -16 \\ 0 & 4 & -4 & -2 \\ \hline 0 & 0 & -9 & -18 \end{array}$$

Con esto ya podemos dar por finalizadas las iteraciones del método, pues ya se ha conseguido anular la matriz triangular inferior:

$$\begin{pmatrix} 1 & 2 & 3 & 16.5 \\ 0 & -4 & -5 & -16 \\ 0 & 1 & -1 & -0.5 \end{pmatrix} \begin{matrix} \leftarrow F_1 \\ \leftarrow F_2 \\ \leftarrow F_3 \cdot 4 + F2 \end{matrix} \begin{pmatrix} 1 & 2 & 3 & 16.5 \\ 0 & -4 & -5 & -16 \\ 0 & 0 & -9 & -18 \end{pmatrix}$$

Ahora ya podemos resolver las ecuaciones empezando por la fila tres y terminando, por orden ascendente, por la fila primera. Así pues, de la última fila deducimos la siguiente ecuación:

$$-9z = -18 \rightarrow z = \frac{-18}{-9} \rightarrow z = 2$$

De la segunda fila obtenemos el valor de la $y$:

$$-4y - 5 \cdot (2) = -16 \rightarrow y = \frac{-16 + 10}{-4} \rightarrow y = 1.5$$

Y, finalmente, a partir de la primera ecuación:

$$x + 2 \cdot (1.5) + 3 \cdot (2) = 16.5 \rightarrow x = 16.5 - 3 - 6 \rightarrow x = 7.5$$

En consecuencia, la solución del problema es: $(x, y, z) = (7.5, 1.5, 2)$. Como hemos visto, podemos concluir con que el método de Gauss hace una reducción de las ecuaciones iniciales, con el fin de resolver, progresivamente, las incógnitas del sistema en manera ascendente.

> **Ejercicio 29.**
> **Los productos estrella de un empresario son el queso tierno, el queso de oveja y el queso duro. El precio del kilo de cada tipo de queso, respectivamente, es de 12 €, 10 € y 9 €. El pasado mes vendió un total de 44 kilos de queso obteniendo beneficios de 436 €. Curiosamente, ese mes vendió el doble de kilos de queso de oveja que de tierno. Determine y calcule el sistema de ecuaciones que permitirá hallar los kilos vendidos de cada queso.**

**Solución 29.**

Kilos de queso tierno: $x$; kilos de queso de oveja: $y$; kilos de queso duro: $z$.

$$\begin{cases} x + y + z = 44 \\ 12x + 10y + 9z = 436 \\ y = 2x \end{cases}$$

Este ejemplo lo resolveremos por el método de Cramer. Este método se usa típicamente para sistemas compatibles determinados, como son los sistemas que presenta este libro.

Inicialmente preparamos el sistema de ecuaciones, ordenando las variables dependientes y las variables independientes de la siguiente manera:

$$\begin{cases} x + y + z = 44 \\ 12x + 10y + 9z = 436 \\ 2x - y = 0 \end{cases}$$

## 2. Ecuaciones, inecuaciones y sistemas de ecuaciones

El primer paso es expresar en notación matricial el sistema de ecuaciones:

$$\begin{bmatrix} 1 & 1 & 1 \\ 12 & 10 & 9 \\ 2 & -1 & 0 \end{bmatrix} \begin{bmatrix} x \\ y \\ z \end{bmatrix} = \begin{bmatrix} 44 \\ 436 \\ 0 \end{bmatrix}$$

El sistema de ecuaciones tiene tres incógnitas, $(x, y, z)$, cuyos valores se resolverán planteando determinantes de matrices, de la siguiente manera:

$$x = \frac{\begin{vmatrix} 44 & 1 & 1 \\ 436 & 10 & 9 \\ 0 & -1 & 0 \end{vmatrix}}{\begin{vmatrix} 1 & 1 & 1 \\ 12 & 10 & 9 \\ 2 & -1 & 0 \end{vmatrix}} \quad y = \frac{\begin{vmatrix} 1 & 44 & 1 \\ 12 & 436 & 9 \\ 2 & 0 & 0 \end{vmatrix}}{\begin{vmatrix} 1 & 1 & 1 \\ 12 & 10 & 9 \\ 2 & -1 & 0 \end{vmatrix}} \quad z = \frac{\begin{vmatrix} 1 & 1 & 44 \\ 12 & 10 & 436 \\ 2 & -1 & 0 \end{vmatrix}}{\begin{vmatrix} 1 & 1 & 1 \\ 12 & 10 & 9 \\ 2 & -1 & 0 \end{vmatrix}}$$

Aplicando la regla de Sarrus[6] podemos resolver cada determinante. El primer determinante lo resolvemos de la siguiente manera:

$$\begin{vmatrix} 44 & 1 & 1 \\ 436 & 10 & 9 \\ 0 & -1 & 0 \end{vmatrix} = 44 \cdot 10 \cdot 0 + 1 \cdot 9 \cdot 0 +$$

$$1 \cdot 436 \cdot (-1) - 1 \cdot 10 \cdot 0 - 1 \cdot 436 \cdot 0 - 44 \cdot 9 \cdot (-1) = -40$$

Repitiendo este procedimiento en el resto de determinantes obtenemos los siguientes resultados:

---

[6]El determinante de una matriz $3 \times 3$ se resuelve con la **regla de Sarrus**, nombre dado en honor al matemático francés Pierre-Frédéric Sarrus (†63 años). Sea el determinate de una matriz $3 \times 3$ tal que así: $\begin{vmatrix} a_{11} & a_{12} & a_{13} \\ a_{21} & a_{22} & a_{23} \\ a_{31} & a_{32} & a_{33} \end{vmatrix}$. Su resultado será:
$a_{11}a_{22}a_{33} + a_{21}a_{32}a_{13} + a_{31}a_{12}a_{23} - a_{13}a_{22}a_{31} - a_{23}a_{32}a_{11} - a_{33}a_{12}a_{21}$.

$$x = \frac{\begin{vmatrix} 44 & 1 & 1 \\ 436 & 10 & 9 \\ 0 & -1 & 0 \end{vmatrix}}{\begin{vmatrix} 1 & 1 & 1 \\ 12 & 10 & 9 \\ 2 & -1 & 0 \end{vmatrix}} = \frac{-40}{-5} = 8 \quad y = \frac{\begin{vmatrix} 1 & 44 & 1 \\ 12 & 436 & 9 \\ 2 & 0 & 0 \end{vmatrix}}{\begin{vmatrix} 1 & 1 & 1 \\ 12 & 10 & 9 \\ 2 & -1 & 0 \end{vmatrix}} = \frac{-80}{-5} = 16$$

$$z = \frac{\begin{vmatrix} 1 & 1 & 44 \\ 12 & 10 & 436 \\ 2 & -1 & 0 \end{vmatrix}}{\begin{vmatrix} 1 & 1 & 1 \\ 12 & 10 & 9 \\ 2 & -1 & 0 \end{vmatrix}} = \frac{-100}{-5} = 20$$

Con lo cual, el resultado final de nuestro sistema de ecuaciones será el siguiente: $(x, y, z) = (8, 16, 20)$.

### Ejercicio 30.

**Los 155 alumnos del grado de ADE se distribuyen en grupos para hacer prácticas en tres empresas. La empresa A admite grupos de 7 alumnos, la empresa B grupos de 5 alumnos y la empresa C grupos de 2 alumnos, sin que ningún alumno pueda hacer prácticas en dos o más empresas a la vez. En total hay 34 grupos. Sabiendo que hay 19 alumnos más en la empresa B que en la C, resuelva el sistema de ecuaciones que determine el número de grupos de estudiantes que se han formado para hacer prácticas en las tres empresas.**

### Solución 30.

Grupos en la empresa A: $x$; grupos en la empresa B: $y$; grupos en la empresa C: $z$.

## 2. Ecuaciones, inecuaciones y sistemas de ecuaciones

$$\begin{cases} x + y + z = 34 \\ 7x + 5y + 2z = 155 \\ 5y - 2z = 19 \end{cases}$$

Para resolver este sistema de ecuaciones aplicaremos la técnica o método de sustitución y de igualación. Existen muchas combinaciones posibles y válidas para resolver este sistema. En este caso empezamos despejando y sustituyendo la expresión resultante en la incógnita $x$ de la segunda ecuación:

$$x + y + z = 34 \rightarrow x = 34 - y - z$$

Haciendo la igualación obtenemos una nueva ecuación que expresaremos en función de la incógnita $y$:

$$7x + 5y + 2z = 155 \rightarrow 7 \cdot (34 - y - z) + 5y + 2z = 155$$
$$238 - 7y - 7z + 5y + 2z = 155$$
$$2y + 5z = 83 \rightarrow y = \frac{83 - 5z}{2}$$

Por otro lado, en la tercera ecuación podemos despejar la incógnita $y$ de la siguiente manera:

$$5y - 2z = 19 \rightarrow y = \frac{19 + 2z}{5}$$

Ahora igualamos las dos ecuaciones que tienen despejada la incógnita $y$:

$$y = \frac{83 - 5z}{2}; y = \frac{19 + 2z}{5} \rightarrow \frac{83 - 5z}{2} = \frac{19 + 2z}{5}$$
$$2 \cdot (19 + 2z) = 5 \cdot (83 - 5z) \rightarrow 38 + 4z = 415 - 25z$$
$$29z = 377 \rightarrow z = \frac{377}{29} \rightarrow z = 13$$

Volviendo a la cualquiera de las dos ecuaciones donde la $y$ está despejada, calculamos su valor:

$$y = \frac{83 - 5 \cdot (13)}{2} \to y = \frac{18}{2} \to y = 2$$

Finalmente, el valor de $x$ lo podemos calcular en la primera ecuación planteada en el sistema de ecuaciones:

$$x + y + z = 34 \to x = 34 - 9 - 13 \to x = 12$$

Con lo cual, el resultado del sistema de ecuaciones es el siguiente:

$$(x, y, z) = (12, 9, 13).$$

## 2.4. MÁS PROBLEMAS DE SISTEMAS DE ECUACIONES LINEALES CON TRES INCÓGNITAS

**Ejercicio 31.**
Un padre deja en herencia 280 € a sus tres hijas. La hija mayor se lleva el triple que la segunda y la segunda se lleva el doble que la pequeña. ¿Cuánto dinero hereda cada hermana?

**Solución 31.**
Cantidad (en €) que hereda la hija mayor: $x$; cantidad (en €) que hereda la segunda hija: $y$; cantidad (en €) que hereda la hija pequeña: $z$.

$$\begin{cases} x + y + z = 280 \\ x = 3y \\ y = 2z \end{cases}$$

$(x, y, z) = (186.66, 62.22, 31.11)$.

## 2. Ecuaciones, inecuaciones y sistemas de ecuaciones

**Ejercicio 32.**

La suma de tres números es 37. El menor disminuido en 1 equivale a 1/3 de la suma del mayor y el mediano. La diferencia entre el mediano y el menor equivale al mayor disminuido en 13. Calcule el valor de los tres números.

**Solución 32.**

Número mayor $x$; número mediano $y$; número menor $z$.

$$\begin{cases} x + y + z = 37 \\ z - 1 = \frac{x+y}{3} \\ y - z = x - 13 \end{cases}$$

$(x, y, z) = (15, 12, 10)$.

**Ejercicio 33.**

Diez días antes de la final de la Copa del Rey de 2017, una casa de apuestas aplica el coeficiente de 1.2 al Barcelona y el coeficiente de 1.8 al Alavés. Pablo, que tiene 10 € para jugar, apostará una cantidad de dinero determinada al Barcelona y otra al Alavés con el fin de que, gane o pierda cualquiera de los dos equipos, Pablo tenga el mismo beneficio. ¿Cuál es la cantidad que Pablo ha de apostar por cada equipo y cuál es el beneficio total que conseguirá?

**Solución 33.**

Cantidad (en €) de apuesta para el Barcelona: $x$; cantidad (en €) de apuesta para el Alavés: $y$; beneficio (en €) total: $z$.

$$\begin{cases} x + y = 10 \\ 1.2x = z \\ 1.8y = z \end{cases}$$

$(x, y, z) = (6, 4, 7.2)$.

---

**Ejercicio 34.**

**La bodega Santón vende cajas de vino para una, dos o cuatro botellas. Durante el primer trimestre del año 2020, la bodega vendió 280 cajas, con un total de 572 botellas. Si con las cajas individuales se suministraron 68 botellas menos que con las cajas de dos botellas, determine el sistema de ecuaciones y calcule cuántas cajas de cada tipo se vendieron ese trimestre.**

---

**Solución 34.**

Cajas de 1 botella: $x$; cajas de 2 botellas: $y$; cajas de 4 botellas: $z$.

$$\begin{cases} 280 = x + y + z \\ 572 = x + 2y + 4z \\ 68 = -x + 2y \end{cases}$$

$(x, y, z) = (120, 94, 66)$.

## 2. Ecuaciones, inecuaciones y sistemas de ecuaciones

**Ejercicio 35.**

Un videoclub está especializado en películas de tres tipos: infantiles, oeste americano y terror. Se sabe que:

- El 60 % de las películas infantiles más el 50 % de las del oeste representan el 30 % del total de las películas.

- El 20 % de las infantiles más el 60 % de las del oeste más el 60 % de las de terror representan la mitad del total de las películas.

- Hay 100 películas más del oeste que de infantiles.

Calcule el número de películas de cada tipo

**Solución 35.**

Número de películas infantiles: $x$; número de películas del oeste: $y$; número de películas de terror: $z$.

$$\begin{cases} \dfrac{60}{100}x + \dfrac{50}{100}y = \dfrac{30}{100}(x+y+z) \\ \dfrac{20}{100}x + \dfrac{60}{100}y + \dfrac{60}{100}z = \dfrac{1}{2}(x+y+z) \\ y = x + 100 \end{cases}$$

$(x, y, z) = (500, 600, 900)$.

### Ejercicio 36.

Un hotel dispone de 120 habitaciones clasificadas en tres tipos: sencillas, dobles y suites. Los precios por noche son, respectivamente, 60 €, 100 € y 150 €. Una noche el hotel está completo y el director sabe que ingresará 11730 €. Si las habitaciones sencillas son para una persona, las dobles para dos y las suites para cuatro, y esa noche el hotel lo ocupan 246 personas, ¿cuántas habitaciones de cada tipo tiene el hotel?

### Solución 36.

Número de habitaciones sencillas: $x$; número de habitaciones dobles: $y$; número de habitaciones suites: $z$.

$$\begin{cases} x+y+z = 120 \\ 11730 = 60x + 100y + 150z \\ 246 = x + 2y + 4z \end{cases}$$

$(x, y, z) = (28, 75, 17)$.

### Ejercicio 37.

La capacidad de tres discos duros es de 530 GB. Si la capacidad del tercero excede en 110 GB la suma de los otros dos y la suma de los dos de mayor capacidad es 10 GB menor que ocho veces la capacidad del menor, averigüe cuántos GB tiene cada uno, sabiendo que el tercero y el segundo son los de mayor capacidad.

## 2. Ecuaciones, inecuaciones y sistemas de ecuaciones

**Solución 37.**

Capacidad disco duro 1: $x$; capacidad disco duro 2: $y$; capacidad disco duro 3: $z$.

$$\begin{cases} x + y + z = 530 \\ z = 110 + x + y \\ y + z = 8x - 10 \end{cases}$$

$(x, y, z) = (60, 150, 320)$.

---

**Ejercicio 38.**

**En una exposición de fotografía hay portarretratos para una, dos y tres fotos. Todos los portarretratos de la exposición tienen fotos, 616 en total. Si en los portarretratos de una foto pusiéramos dos fotos y en los de dos pusiéramos una, la exposición tendría espacio para mostrar 971 fotos. Y si en los portarretratos de dos fotos pusiéramos tres y en los de tres pusiéramos dos, se podrían mostrar 679 fotos. Determine cuántos portarretratos de cada tipo tiene la exposición.**

---

**Solución 38.**

Número de portarretratos para una foto $x$; número de portarretratos para dos fotos: $y$; número de portarretratos para tres fotos: $z$.

$$\begin{cases} x + 2y + 3z = 616 \\ 2x + y + 3z = 971 \\ x + 3y + 2z = 679 \end{cases}$$

$(x, y, z) - (430, 75, 12)$.

### Ejercicio 39.

Un estanco vende tres periódicos distintos: A, B y C, cuyos precios son 80 céntimos, 90 céntimos y un euro, respectivamente. Un día determinado, el dueño observa que ha vendido 210 periódicos y ha recibido por ello 190 €. Sabiendo que si hubiese vendido el periódico A un 25 % más caro y el periódico C un 10 % más barato habría recibido 6 € más, plantee y resuelva un sistema de ecuaciones para determinar cuántos ejemplares de cada periódico se vendió en el estanco.

### Solución 39.

Número de periódicos A vendidos: $x$; número de periódicos B vendidos: $y$; número de periódicos C vendidos: $z$.

$$\begin{cases} x + y + z = 210 \\ 0.8x + 0.9y + z = 190 \\ 1.25 \cdot 0.8x + 0.9y + 0.9z = 190 + 6 \end{cases}$$

$(x, y, z) = (70, 60, 80)$.

### Ejercicio 40.

Juan y Pedro invierten 12000 € cada uno. Juan coloca una cantidad A al 4 % de interés, una cantidad B al 5 % y el resto al 6 %. Pedro invierte la misma cantidad A al 5 %, la B al 6 % y el resto al 4 %. Determine las cantidades invertidas, sabiendo que Juan obtiene unos intereses de 631 € y Pedro de 571 €.

*2. Ecuaciones, inecuaciones y sistemas de ecuaciones*

**Solución 40.**

Cantidad A, en euros: $x$; cantidad B, en euros: $y$; resto, en euros: $z$.

$$\begin{cases} x + y + z = 12000 \\ 0.04x + 0.05y + 0.06z = 631 \\ 0.05x + 0.06y + 0.04z = 571 \end{cases}$$

$(x, y, z) = (2900, 631, 8469)$.

A pesar de que la complejidad pueda aumentar, este sistema de ecuaciones también podría ser planteado y resuelto como un sistema lineal de dos ecuaciones con dos incógnitas. A continuación se plantea y se da la solución de las incógnitas correspondientes:

Cantidad A, en euros: $A$; cantidad B, en euros: $B$.

$$\begin{cases} A \cdot 0.4 + B \cdot 0.5 + (1200 - A - B) \cdot 0.6 = 631 \\ A \cdot 0.5 + B \cdot 0.6 + (1200 - A - B) \cdot 0.4 = 571 \end{cases}$$

$(A, B) = (2900, 631)$.

**Ejercicio 41.**

Con el fin de conseguir dinero para un viaje de fin de estudios, los alumnos han vendido camisetas, pantalones y bufandas de un equipo de fútbol a 30, 10 y 5 €, respectivamente, siendo los precios a los que los adquirieron 10, 5 y 1 €, respectivamente. Sabiendo que se han gastado 1300 €, que han obtenido unos ingresos brutos por las ventas de 3750 € y que han vendido un total de 200 unidades, ¿cuántas prendas se han vendido de cada clase?

**Solución 41.**

Número de camisetas: $x$; número de pantalones: $y$; número de bufandas: $z$.

$$\begin{cases} x + y + z = 200 \\ 30x + 10y + 5z = 3750 \\ 10x + 5y + z = 1300 \end{cases}$$

$(x, y, z) = (100, 50, 50)$.

**Ejercicio 42.**

**Un edificio consta de tres plantas y cada una tiene un número distinto de viviendas. En cada una de las viviendas del primer piso viven 3 personas, en cada una de las del segundo piso viven 4 personas y en cada una de las del tercer piso viven 5 personas. El número de personas que viven en el primer piso es igual al número de personas que viven en el segundo piso y en el edificio habitan un total de 59 personas. Si en el tercer piso viven 23 personas más que en el primero, ¿cuántas viviendas hay en cada piso?**

**Solución 42.**

Número de viviendas del primer piso: $x$; número de viviendas del segundo piso: $y$; número de viviendas del tercer piso: $z$.

$$\begin{cases} 3x + 4y + 5z = 59 \\ 3x = 4y \\ 5z = 23 + 3x \end{cases}$$

$(x, y, z) = (4, 3, 7)$.

## 2. Ecuaciones, inecuaciones y sistemas de ecuaciones

**Ejercicio 43.**

Un fabricante produce tres artículos A, B y C. El beneficio por cada unidad vendida es de 1, 2 y 3 €, respectivamente. Los costes fijos son de 17000 € anuales y los costes de producción por cada unidad son de 4, 5 y 7 €, respectivamente. El año que viene se producirán y venderán un total de 11000 unidades entre los tres productos y se obtendrá un beneficio total de 25000 €. Si el coste total es de 80000 €, ¿cuántas unidades de cada producto deberán producirse?

**Solución 43.**

Unidades del artículo A: $x$; unidades del artículo B: $y$; unidades del artículo C: $z$.

$$\begin{cases} x+y+z = 11000 \\ x+2y+3z = 25000 \\ 17000+4x+5y+7z = 80000 \end{cases}$$

$(x,y,z) = (2000, 4000, 5000)$.

**Ejercicio 44.**

Una empresa fabrica estuches para DVD, cajas para CD sencillos y cajas para CD dobles. Cada artículo ha de pasar por dos departamentos: el de ensamblaje y el de embalado, de tal forma que cada estuche necesita 12 minutos de ensamblaje y 10 de embalado, cada caja de CD sencillo, 4 minutos de ensamblaje y 5 de embalado, mientras que cada caja de CD doble requiere 8 minutos en la sección de ensamblaje y 5 en la de embalado. Al acabar un mes, el gerente de la empresa observa que en el departamento de ensamblaje se han invertido un total de 186 horas, en el de embalado 204 horas y que la producción total es de 2198 artículos. ¿Cuántos estuches para DVD y cajas para CD, simple y dobles, se han fabricado?

¡Atención! No olvide que en una hora hay sesenta minutos.

**Solución 44.**

Número de estuches para DVD: $x$; número de cajas para CD sencillas: $y$; número de cajas para CD dobles: $z$.

$$\begin{cases} \dfrac{12}{60}x + \dfrac{4}{60}y + \dfrac{8}{60}z = 186 \\[2mm] \dfrac{10}{60}x + \dfrac{5}{60}y + \dfrac{5}{60}z = 204 \\[2mm] x + y + z = 2198 \end{cases}$$

$(x, y, z) = (250, 1856, 92)$.

## 2. Ecuaciones, inecuaciones y sistemas de ecuaciones

**Ejercicio 45.**

Un avión con destino a Gran Canaria lleva pasajeros distribuidos en tres categorías: primera clase, clase preferente y clase turista. El billete en primera clase cuesta 250 €, para la clase preferente el precio del pasaje es de 200 € y el de la clase turista tiene un valor de 100 €. Por otro lado, el peso máximo del equipaje de un pasajero de primera es 50 kilos, el peso máximo del equipaje de un viajero de clase preferente es 30 kilos y el de una persona en clase turista es 20 kilos. Si el avión tiene 200 plazas ocupadas, lo que ha supuesto para la compañía un ingreso de 26000 €, y el peso máximo de todo el equipaje de los pasajeros es de 4900 kilos, determine un sistema de ecuaciones para saber cuántos pasajeros de cada clase hay en el avión.

**Solución 45.**

Número de pasajeros de primera clase: $x$; número de pasajeros de clase preferente: $y$; número de pasajeros de clase turista: $z$.

$$\begin{cases} 250x + 200y + 100z = 26000 \\ x + y + z = 200 \\ 50x + 30y + 20z = 4900 \end{cases}$$

$(x, y, z) = (20, 30, 150)$.

### Ejercicio 46.

Un cliente ha pagado en un supermercado 156 € por la compra de 24 litros de leche, 6 kg de jamón y 12 litros de aceite de oliva extra virgen. Determine y resuelva un sistema de ecuaciones para calcular el precio unitario de cada artículo, sabiendo que un litro de aceite cuesta el triple que un litro de leche, y que un kilogramo de jamón cuesta igual que cuatro litros de aceite más cuatro litros de leche.

### Solución 46.

Precio del litro de leche: $x$; precio del kilogramo de jamón: $y$; precio del litro de aceite de oliva extra virgen: $z$.

$$\begin{cases} 24x + 6y + 12z = 156 \\ z = 3x \\ y = 4z + 4x \end{cases}$$

$(x, y, z) = (1, 16, 3)$.

### Ejercicio 47.

El kilogramo de tres tipos distintos de especias, por ejemplo A, B y C, cuesta 32, 52 y 54 céntimos cada una, respectivamente. Si se quiere comercializar 120 kilos de mezcla a 40 céntimos el kilo y usar doble cantidad de especia de tipo A que de tipo C, ¿cuántos kilogramos de cada tipo de especia hay que usar?

## 2. Ecuaciones, inecuaciones y sistemas de ecuaciones

**Solución 47.**

Kilogramo de especia A: $x$; kilogramo de especia B: $y$; kilogramo de especia C: $z$.

$$\begin{cases} x+y+z=120 \\ 32x+52y+54z=40\cdot 120 \\ 2x=z \end{cases}$$

$(x,y,z)=(32,72,16)$.

---

**Ejercicio 48.**

**La temperatura, $T$, a lo largo de un día de invierno en el municipio con mayor altitud de España se ajusta a la siguiente expresión polinómica:**

$$T(x)=ax^2+bx+c \qquad (0\leq x<24)$$

**donde $x$ representa las horas transcurridas desde el inicio del día hasta su final.**

**En dicho día, la temperatura a las cuatro de la madrugada fue de $-1°$, a las ocho de la mañana fue de $4°$, mientras que a las ocho de la tarde fue de $7°$. Determine y resuelva el sistema de ecuaciones.**

---

**Solución 48.**

$$\begin{cases} -1=4^2a+4b+c \\ 4=8^2a+8b+c \\ 7=20^2a+20b+c \end{cases}$$

$(a,b,c)=\left(-\frac{1}{16},2,-8\right)$.

**Ejercicio 49.**

En una carnicería, Adela paga 34 € por dos kilos de solomillo de ternera, un kilo de hamburguesas de pollo y cuatro kilos de tacos de jamón serrano. El mismo día y en la misma carnicería, Lucía paga 35 € por tres kilos de solomillo de ternera, dos kilos de hamburguesas de pollo y dos kilos de tacos de jamón serrano. Horas más tarde se acerca el primo de Omar a la misma carnicería y gasta 49 € en cinco kilos de solomillo de ternera, tres kilos de hamburguesas de pollo y dos kilos de tacos de jamón serrano. Sabiendo que todos, casualmente, compraron los mismos productos, determine el precio de cada uno de ellos.

**Solución 49.**

Precio del kilo solomillo de ternera: $x$; precio del kilo de las hamburguesas de pollo: $y$; precio del kilo de los tacos de jamón serrano: $z$.

$$\begin{cases} 34 = 2x + y + 4z \\ 35 = 3x + 2y + 2z \\ 49 = 5x + 3y + 2z \end{cases}$$

$(x, y, z) = (3, 8, 5)$.

## 2. Ecuaciones, inecuaciones y sistemas de ecuaciones

**Ejercicio 50.**

**Para clasificarse a la jornada de FUTchampions de FIFA 20 hay que conseguir 2000 puntos en 50 partidos. Sabemos que por cada partido ganado obtenemos 65 puntos, por cada partido empatado, 31, y por cada partido perdido, 11. La suma de los partidos empatados y perdidos es igual a los ganados. ¿Cuántos partidos se han ganado, perdido y empatado?**

**Solución 50.**

Número de partidos ganados: $x$; número de partidos empatados $y$; número de partidos perdidos: $z$.

$$\begin{cases} x+y+z=50 \\ y+z=x \\ 65x+31y+11z=2000 \end{cases}$$

$(x,y,z) = (25, 5, 20)$.

# 3 Cálculo de derivadas

*Una verdad matemática no es ni simple ni complicada
por sí misma, es una verdad.*
Émile Lemoine,
Francia (†72 años).

**CONTENIDO**

3.1. Derivadas sencillas.
3.2. Derivadas exponenciales y logarítmicas.
3.3. Producto y cociente de derivadas.
3.4. Regla de la cadena.
3.5. Derivadas avanzadas.
3.6. Derivadas de orden superior.
3.7. Aplicaciones de la derivada en economía.

## 3.1. DERIVADAS SENCILLAS

**Ejercicio 51.**
**Calcule las siguientes derivadas:**

(a) $y = x^3 - 3x + 7$.

(b) $y = \dfrac{1}{x^3}$.

(c) $y = \sqrt[5]{x^3}$.

(d) $y = \sqrt[5]{2 \cdot x^3}$.

(e) $y = \dfrac{5}{x} - \dfrac{2}{\sqrt{x}} + 4\pi + \sqrt[4]{3x}$.

| | |
|---|---|
| $y = n$ | $y' = 0$ |
| $y = x^n$ | $y' = nx^{n-1}$ |
| $y = n^x$ | $y' = n^x \ln(n)$ |
| $y = \ln(x)$ | $y' = \dfrac{1}{x}$ |

Siendo $(y)$ una función que depende de $x$, y la variable $(n)$ una constante tal que: $n \in \mathbb{R}$.

**Tabla 3.1.** Reglas de derivación.

**Solución 51.**

(a) $y = x^3 - 3x + 7 \rightarrow y' = 3x^2 - 3$.

(b) $y = \dfrac{1}{x^3} = x^{-3} \rightarrow y' = -3x^{-3-1} = -\dfrac{3}{x^4}$.

### 3. Cálculo de derivadas

|  |  |
|---|---|
| Suma: | |
| $y = u + v$ | $y' = u' + v'$ |
| Resta: | |
| $y = u - v$ | $y' = u' - v'$ |
| Producto: | |
| $y = u \cdot v$ | $y' = u' \cdot v + u \cdot v'$ |
| Cociente: | |
| $y = \dfrac{u}{v}$ | $y' = \dfrac{u' \cdot v - u \cdot v'}{v^2}$ |

Donde $(y, u, v)$ son funciones que dependen de $x$.

**Tabla 3.2.** Operaciones con las derivadas.

(c) $y = \sqrt[5]{x^3} = x^{\frac{3}{5}} \to y' = \dfrac{3}{5}x^{\frac{3}{5}-1} = \dfrac{3}{5}x^{-\frac{2}{5}} = \dfrac{3}{5\sqrt[5]{x^2}} =^1=$

$\dfrac{3}{5\sqrt[5]{x^2}} \cdot \dfrac{\sqrt[5]{x^3}}{\sqrt[5]{x^3}} = \dfrac{3\sqrt[5]{x^3}}{5\sqrt[5]{x^2 \cdot x^3}} = \dfrac{3\sqrt[5]{x^3}}{5\sqrt[5]{x^{2+3}}} = \dfrac{3\sqrt[5]{x^3}}{5\sqrt[5]{x^5}} = \dfrac{3\sqrt[5]{x^3}}{5x}.$

(d) $y = \sqrt[5]{2 \cdot x^3} = \sqrt[5]{2} \cdot x^{\frac{3}{5}} \to y' = \sqrt[5]{2} \cdot \dfrac{3}{5\sqrt[5]{x^2}} =$

$\sqrt[5]{2} \cdot \dfrac{\sqrt[5]{3^5}}{5} \cdot \dfrac{1}{\sqrt[5]{x^2}} \cdot \dfrac{\sqrt[5]{x^3}}{\sqrt[5]{x^3}} = \dfrac{\sqrt[5]{2 \cdot 3^5}}{5} \cdot \dfrac{\sqrt[5]{x^3}}{\sqrt[5]{x^{2+3}}} = \dfrac{\sqrt[5]{2 \cdot 243}}{5} \cdot \dfrac{\sqrt[5]{x^3}}{x} =$

$\dfrac{\sqrt[5]{486x^3}}{5x}.$

(c) $y = \dfrac{5}{x} - \dfrac{2}{\sqrt{x}} + 4\pi + \sqrt[4]{3x} = 5x^{-1} - 2x^{-\frac{1}{2}} + 4\pi + \sqrt[4]{3}x^{\frac{1}{4}} \to$

$y' = -5x^{-2} - 2\left(-\dfrac{1}{2}\right) \cdot x^{-\frac{1}{2}-1} + \sqrt[4]{3} \cdot \dfrac{1}{4}x^{\frac{1}{4}-1} =$

---
[1]No olvide racionalizar los radicales. Por ejemplo:
$\dfrac{9}{\sqrt{3}} = \dfrac{9}{\sqrt{3}} \cdot \dfrac{\sqrt{3}}{\sqrt{3}} = \dfrac{9\sqrt{3}}{(\sqrt{3})^2} = \dfrac{9\sqrt{3}}{3} = 3\sqrt{3}$

$$-\frac{5}{x^2}+\frac{1}{\sqrt{x^3}}+\frac{\sqrt[4]{3}}{4\sqrt[4]{x^3}}=-\frac{5}{x^2}+\frac{\sqrt{x}}{\sqrt{x^3}\sqrt{x}}+\frac{\sqrt[4]{3}}{4\sqrt[4]{x^3}}\cdot\frac{\sqrt[4]{x}}{\sqrt[4]{x}}=$$

$$-\frac{5}{x^2}+\frac{\sqrt{x}}{x^{\frac{3}{2}+\frac{1}{2}}}+\frac{\sqrt[4]{3x}}{4\sqrt[4]{x^{3+1}}}=-\frac{5}{x^2}+\frac{\sqrt{x}}{x^2}+\frac{\sqrt[4]{3x}}{4x}=$$

$$\frac{\sqrt{x}-5}{x^2}+\frac{\sqrt[4]{3x}}{4x}=\frac{1}{x}\left(\frac{\sqrt{x}-5}{x}+\frac{\sqrt[4]{3x}}{4}\right).$$

## 3.2. DERIVADAS EXPONENCIALES Y LOGARÍTMICAS

**Ejercicio 52.**

**Calcule las siguientes derivadas:**

(a) $y = 7e + \ln(x)$.

(b) $y = 7e^x - 12\ln(x)$.

(c) $y = \pi^x$.

**Solución 52.**

(a) $y = 7e + \ln(x) \to y' = 0 + \dfrac{1}{x} = \dfrac{1}{x}$.

(b) $y = 7e^x - 12\ln(x) \to y' = 7\cdot e^x \ln(e) - 12\cdot\dfrac{1}{x} = 7e^x - \dfrac{12}{x}$.

(c) $y = \pi^x \to y' = \pi^x \cdot \ln(\pi)$.

## 3.3. PRODUCTO Y COCIENTE DE DERIVADAS

**Ejercicio 53.**
**Calcule las siguientes derivadas:**

(a) $y = (6x^3 + x) \cdot 8^x$.

(b) $y = (6x^3 + x) \cdot e^x$.

(c) $y = (x^2 - x)e^x$.

(d) $y = x \cdot \ln(x)$.

(e) $y = 7e^{-x}$.

(f) $y = \dfrac{2}{x} + \dfrac{x^2}{2}$.

(g) $y = \dfrac{1-x}{1+x}$.

(h) $y = \dfrac{x}{\ln(x)}$.

(i) $y = \dfrac{x^2 - x}{e^x}$.

(j) $y = \dfrac{\ln(x)}{x}$.

**Solución 53.**

(a) $y = (6x^3 + x) \cdot 8^x \rightarrow y' = (18x^2 + 1)8^x + (6x^3 + x)8^x \ln(8) = 8^x(6 \cdot \ln(8) \cdot x^3 + 18x^2 + \ln(8) \cdot x + 1)$.

(b) $y = (6x^3 + x) \cdot e^x \to y' = (18x^2 + 1)e^x + (6x^3 + x)e^x = e^x(6x^3 + 18x^2 + x + 1)$.

(c) $y = (x^2 - x)e^x \to y' = (2x-1)e^x + (x^2-x)e^x = e^x(x^2+x-1)$.

(d) $y = x \cdot \ln(x) \to y' = \ln(x) + x \cdot \frac{1}{x} = \ln(x) + 1$.

(e) $y = 7e^{-x} = \dfrac{7}{e^x} \to y' = \dfrac{-7e^x}{e^{2x}} = -\dfrac{7}{e^x}$.

(f) $y = \dfrac{2}{x} + \dfrac{x^2}{2} \to y' = \dfrac{-2}{x^2} + \dfrac{2x}{2} = x - \dfrac{2}{x^2}$.

(g) $y = \dfrac{1-x}{1+x} \to y' = \dfrac{-(1+x)-(1-x)}{(1+x)^2} = -\dfrac{2}{(1+x)^2}$.

(h) $y = \dfrac{x}{\ln(x)} \to y' = \dfrac{\ln(x) - x \cdot \frac{1}{x}}{\ln^2(x)} = \dfrac{\ln(x) - 1}{\ln^2(x)}$.

(i) $y = \dfrac{x^2 - x}{e^x} \to y' = \dfrac{(2x-1)e^x - (x^2-x)e^x}{e^{2x}} = \dfrac{-x^2 + 3x - 1}{e^x}$.

(j) $y = \dfrac{\ln(x)}{x} \to y' = \dfrac{\frac{1}{x} \cdot x - \ln(x)}{x^2} = \dfrac{1 - \ln(x)}{x^2}$.

## 3.4. REGLA DE LA CADENA

**Ejercicio 54.**
**Calcule las siguientes derivadas (complejidad media):**

(a) $y = (2x^2 + 6x)^2$.

(b) $y = \sqrt{2x^2 + 6x}$.

(c) $y = \dfrac{1}{(2x^2 + 6x)^2}$.

(d) $y = \dfrac{1}{\sqrt{2x^2 + 6x}}$.

(e) $y = 7e^{-x}$.

(f) $y = e^{4x}$.

(g) $y = \sqrt[3]{x+1}$.

(h) $y = (2x+3)^2 + \dfrac{x^3}{\sqrt{x}} + \sqrt[3]{x+1}$.

(i) $y = \ln(x^2 + 1)$.

(j) $y = \ln\sqrt{x}$.

(k) $y = \sqrt{\ln(x)}$.

| | |
|---|---|
| $y = n$ | $y' = 0$ |
| $y = u^n$ | $y' = nu^{n-1} \cdot \mathbb{D}(u)$ |
| $y = n^u$ | $y' = n^u \ln(n) \cdot \mathbb{D}(u)$ |
| $y = \ln(u)$ | $y' = \dfrac{1}{u} \cdot \mathbb{D}(u)$ |

Donde $(y, u)$ son funciones que dependen de $x$, $\mathbb{D}(u)$ la derivada de la función $u$ y la variable $(n)$ una constante tal que: $n \in \mathbb{R}$.

**Tabla 3.3.** Reglas de derivación aplicando la regla de la cadena.

### Solución 54.

(a) $y = (2x^2 + 6x)^2 \to y' = 2 \cdot (2x^2 + 6x) \cdot \mathbb{D}(2x^2 + 6x) =$
$2 \cdot (2x^2 + 6x) \cdot (4x + 6) = 2 \cdot 2 \cdot (x^2 + 3x) \cdot 2 \cdot (2x + 3) =$
$8 \cdot (x^2 + 3x) \cdot (2x + 3)$.

(b) $y = \sqrt{2x^2 + 6x} = (2x^2 + 6x)^{\frac{1}{2}} \to$

$y' = \dfrac{1}{2}(2x^2 + 6x)^{\frac{1}{2}-1} \cdot \mathbb{D}(2x^2 + 6x) = \dfrac{1}{2\sqrt{2x^2 + 6x}} \cdot (4x + 6) =$

$\dfrac{1}{2\sqrt{2x^2 + 6x}} \cdot 2(2x + 3) = \dfrac{2x + 3}{\sqrt{2x^2 + 6x}} \cdot \dfrac{\sqrt{2x^2 + 6x}}{\sqrt{2x^2 + 6x}} =$

$\dfrac{\sqrt{(2x + 3)^2} \cdot \sqrt{2x^2 + 6x}}{2x^2 + 6x} = \dfrac{\sqrt{(2x + 3)^2 \cdot (2x^2 + 6x)}}{2x^2 + 6x} =$

$\dfrac{\sqrt{(4x^2 + 12x + 9) \cdot (2x^2 + 6x)}}{2x^2 + 6x} =$

$\dfrac{\sqrt{8x^4 + 24x^3 + 24x^3 + 72x^2 + 18x^2 + 54x}}{2x^2 + 6x} =$

$\dfrac{\sqrt{x(8x^3 + 48x^2 + 90x + 54)}}{2x^2 + 6x} = \dfrac{\sqrt{2x(4x^3 + 24x^2 + 45x + 27)}}{2x^2 + 6x}$.

## 3. Cálculo de derivadas

(c) $y = \dfrac{1}{(2x^2+6x)^2} = (2x^2+6x)^{-2} \to$

$y' = -2 \cdot (2x^2+6x)^{-2-1} \cdot \mathbb{D}(2x^2+6x) =$

$-2 \cdot \dfrac{1}{(2x^2+6x)^3} \cdot (4x+6) = -4 \cdot \dfrac{2x+3}{(2x^2+6x)^3}.$

(d) $y = \dfrac{1}{\sqrt{2x^2+6x}} = (2x^2+6x)^{-\frac{1}{2}} \to$

$y' = -\dfrac{1}{2}(2x^2+6x)^{-\frac{1}{2}-1} \cdot \mathbb{D}(2x^2+6x) =$

$-\dfrac{1}{2\cdot(2x^2+6x)^{\frac{3}{2}}} \cdot (4x+6) = -\dfrac{2\cdot(2x+3)}{2\cdot\sqrt{(2x^2+6x)^3}} =$

$-\dfrac{2x+3}{\sqrt{(2x^2+6x)^3}} \cdot \dfrac{\sqrt{(2x^2+6x)^3}}{\sqrt{(2x^2+6x)^3}} = -\dfrac{(2x+3)\cdot\sqrt{(2x^2+6x)^3}}{(2x^2+6x)^3}.$

(e) $y = 7e^{-x} \to y' = 7e^{-x} \cdot \ln(e) \cdot \mathbb{D}(-x) = \dfrac{7}{e^x} \cdot 1 \cdot (-1) = -\dfrac{7}{e^x}.$

(f) $y = e^{4x} \to y' = e^{4x}\ln(e)\mathbb{D}(4x) = 4e^{4x}.$

(g) $y = \sqrt[3]{x+1} = (x+1)^{\frac{1}{3}} \to y' = \dfrac{1}{3}(x+1)^{\frac{1}{3}-1} \cdot \mathbb{D}(x+1) =$

$\dfrac{1}{3}(x+1)^{-\frac{2}{3}} \cdot 1 = \dfrac{1}{3\cdot\sqrt[3]{(x+1)^2}} \cdot \dfrac{\sqrt[3]{(x+1)}}{\sqrt[3]{(x+1)}} = \dfrac{\sqrt[3]{(x+1)}}{3\cdot(x+1)^{\frac{2}{3}+\frac{1}{3}}} =$

$\dfrac{\sqrt[3]{(x+1)}}{3\cdot(x+1)}.$

(h) $y = (2x+3)^2 + \dfrac{x^3}{\sqrt{x}} + \sqrt[3]{x+1} =$

$(2x+3)^2 + x^{3-\frac{1}{2}} + (x+1)^{\frac{1}{3}} =$

$(2x+3)^2 + x^{\frac{5}{2}} + (x+1)^{\frac{1}{3}} \to$

$y' = 2\cdot(2x+3)\cdot 2 + \dfrac{5}{2}x^{\frac{5}{2}-1} + \dfrac{1}{3}(x+1)^{\frac{1}{3}-1} =$

$$4(2x+3)+\frac{5}{2}x^{\frac{3}{2}}+\frac{1}{3}(x+1)^{-\frac{2}{3}} = 4(2x+3)+\frac{5}{2}\sqrt{x^3}+\frac{1}{3}\frac{1}{\sqrt[3]{(x+1)^2}}.$$

Teniendo en cuenta la resolución del ejercicio anterior, sabemos que:

$$\frac{1}{3}\frac{1}{\sqrt[3]{(x+1)^2}} = \frac{\sqrt[3]{(x+1)}}{3\cdot(x+1)}.$$

En consecuencia, la solución final de la derivada será:

$$y' = 4(2x+3)+\frac{5}{2}\sqrt{x^3}+\frac{\sqrt[3]{(x+1)}}{3\cdot(x+1)}.$$

(i) $y = \ln(x^2+1) \rightarrow y' = \dfrac{1}{x^2+1}\cdot \mathbb{D}(x^2+1) = \dfrac{2x}{x^2+1}.$

(j) $y = \ln\sqrt{x} \rightarrow y' = \dfrac{1}{\sqrt{x}}\cdot \mathbb{D}(\sqrt{x}) = \dfrac{1}{\sqrt{x}}\cdot\dfrac{1}{2\sqrt{x}} = \dfrac{1}{2x}.$

(k) $y = \sqrt{\ln(x)} \rightarrow y' = \dfrac{1}{2\sqrt{\ln(x)}}\cdot \mathbb{D}(\ln(x)) = \dfrac{1}{2\sqrt{\ln(x)}}\cdot\dfrac{1}{x} =$
$\dfrac{1}{2x\sqrt{\ln(x)}}\cdot\dfrac{\sqrt{\ln(x)}}{\sqrt{\ln(x)}} = \dfrac{\sqrt{\ln(x)}}{2x\ln(x)}.$

## 3. Cálculo de derivadas

**Ejercicio 55.**
Calcule las siguientes derivadas (complejidad avanzada):

(a) $y = \left(\dfrac{x-1}{x+1}\right)^4$.

(b) $y = e^{x^2} + 7^x$.

(c) $y = e^{x^2+3x} + 7^x$.

(d) $y = \left(\dfrac{1-x}{1+x}\right)^{2/3}$.

(e) $y = \ln\left(\dfrac{1-x}{1+x}\right)$.

(f) $y = \sqrt{\left(\dfrac{1-x}{1+x}\right)}$.

(g) $y = \ln\sqrt{\left(\dfrac{1-x}{1+x}\right)}$.

**Solución 55.**

(a) $y = \left(\dfrac{x-1}{x+1}\right)^4 \;\rightarrow\; y' = 4\left(\dfrac{x-1}{x+1}\right)^3 \; \mathbb{D}\left(\dfrac{x-1}{x+1}\right)$.

Resolviendo $\mathbb{D}\left(\dfrac{x-1}{x+1}\right)$:

$$\mathbb{D}\left(\dfrac{x-1}{x+1}\right) = \dfrac{x+1-(x-1)}{(x+1)^2} = \dfrac{x+1-(x-1)}{(x+1)^2} = \dfrac{2}{(x+1)^2}$$

Por lo tanto:
$$y' = 4\left(\frac{x-1}{x+1}\right)^3 \cdot \frac{2}{(x+1)^2} = \frac{8(x-1)^3}{(x+1)^5}.$$

(b) $y = e^{x^2} + 7^x \rightarrow y' = e^{x^2} \cdot \ln(e) \cdot \mathbb{D}(x^2) + 7^x \ln(7) = 2xe^{x^2} + 7^x \ln(7).$

(c) $y = e^{x^2+3x} + 7^x \rightarrow y' = e^{x^2+3x} \cdot \ln(e) \cdot \mathbb{D}(x^2+3x) + 7^x \ln(7) = (2x+3)e^{x^2+3x} + 7^x \ln(7).$

(d) $y = \left(\dfrac{1-x}{1+x}\right)^{2/3} \rightarrow y' = \dfrac{2}{3}\left(\dfrac{1-x}{1+x}\right)^{\frac{2}{3}-1} \cdot \mathbb{D}\left(\dfrac{1-x}{1+x}\right).$

En consecuencia, resolveremos: $\mathbb{D}\left(\dfrac{1-x}{1+x}\right)$:

$$\mathbb{D}\left(\frac{1-x}{1+x}\right) = \frac{(-1)\cdot(1+x)-(1-x)\cdot 1}{(1+x)^2} = \frac{-1-x-1+x}{(1+x)^2} = -\frac{2}{(1+x)^2}.$$

Con lo cual:
$$y' = \frac{2}{3}\left(\frac{1-x}{1+x}\right)^{-\frac{1}{3}} \cdot \left(-\frac{2}{(1+x)^2}\right) =$$
$$-\frac{4}{3}\frac{1}{\left(\dfrac{1-x}{1+x}\right)^{\frac{1}{3}}} \cdot \frac{1}{(1+x)^2} = -\frac{4}{3}\frac{1}{(1-x)^{\frac{1}{3}}}\frac{1}{(1+x)^2}{(1+x)^{\frac{1}{3}}} =$$
$$-\frac{4}{3}\frac{1}{(1-x)^{\frac{1}{3}}}\frac{1}{(1+x)^{2-\frac{1}{3}}} = -\frac{4}{3}\frac{1}{\sqrt[3]{1-x}}\frac{1}{(1+x)^{\frac{5}{3}}} =$$
$$\frac{4}{3} \cdot \frac{1}{\sqrt[3]{1-x}} \cdot \frac{1}{\sqrt[3]{(1+x)^5}} =$$
$$-\frac{4}{3\sqrt[3]{(1-x)(1+x)^5}} \cdot \frac{\sqrt[3]{(1-x)^2(1+x)}}{\sqrt[3]{(1-x)^2(1+x)}} = {}^2 =$$

---
[2]Recuerde racionalizar los radicales.

## 3. Cálculo de derivadas

$$-\frac{4\sqrt[3]{(1-x)^2(1+x)}}{3\sqrt[3]{(1-x)^3(1+x)^6}} = -\frac{4\sqrt[3]{(1-x)^2(1+x)}}{3(1-x)(1+x)^2}.$$

(e) $y = \ln\left(\dfrac{1-x}{1+x}\right) \to y' = \dfrac{1}{\dfrac{1-x}{1+x}} \cdot \mathbb{D}\left(\dfrac{1-x}{1+x}\right) =^3=$

$\dfrac{1}{\dfrac{1-x}{1+x}} \cdot \dfrac{-2}{(1+x)^2} = \dfrac{1+x}{1-x} \cdot \dfrac{-2}{(1+x)^2} = \dfrac{-2}{(1-x)(1+x)} = -\dfrac{2}{1-x^2}.$

(f) $y = \sqrt{\left(\dfrac{1-x}{1+x}\right)} \to y' = \dfrac{1}{2}\left(\dfrac{1-x}{1+x}\right)^{\frac{1}{2}-1} \cdot \mathbb{D}\left(\dfrac{1-x}{1+x}\right) =$

$\dfrac{1}{2}\left(\dfrac{1-x}{1+x}\right)^{-\frac{1}{2}} \cdot \left(-\dfrac{2}{(1+x)^2}\right) = -\dfrac{1}{\dfrac{(1-x)^{\frac{1}{2}}}{(1+x)^{\frac{1}{2}}}} \cdot \dfrac{1}{(1+x)^2} =$

$-\dfrac{1}{(1-x)^{\frac{1}{2}}} \cdot \dfrac{2}{(1+x)^2(1+x)^{-\frac{1}{2}}} = -\dfrac{1}{\sqrt{(1-x)}(1+x)^{\frac{3}{2}}} =$

$-\dfrac{1}{\sqrt{(1-x)}\sqrt{(1+x)^3}} = -\dfrac{1}{\sqrt{(1-x)(1+x)^3}} =$

$-\dfrac{1}{\sqrt{(1-x)(1+x)(1+x)^2}} = -\dfrac{1}{(1+x)\sqrt{1-x^2}} \cdot \dfrac{\sqrt{1-x^2}}{\sqrt{1-x^2}} =$

$-\dfrac{\sqrt{1-x^2}}{(1+x)(1-x^2)}.$

---

[3] Calculado anteriormente: $\mathbb{D}\left(\dfrac{1-x}{1+x}\right)$.

(g) $y = \ln\sqrt{\left(\dfrac{1-x}{1+x}\right)} = \ln\left(\left(\dfrac{1-x}{1+x}\right)^{\frac{1}{2}}\right) \to$

$y' = \dfrac{1}{\left(\dfrac{1-x}{1+x}\right)^{\frac{1}{2}}} \cdot \mathbb{D}\left(\left(\dfrac{1-x}{1+x}\right)^{\frac{1}{2}}\right) = \dfrac{(1+x)^{\frac{1}{2}}}{(1-x)^{\frac{1}{2}}} \cdot \mathbb{D}\left(\left(\dfrac{1-x}{1+x}\right)^{\frac{1}{2}}\right).$

En consecuencia, resolveremos $\mathbb{D}\left(\left(\dfrac{1-x}{1+x}\right)^{\frac{1}{2}}\right)$:

$\mathbb{D}\left(\left(\dfrac{1-x}{1+x}\right)^{\frac{1}{2}}\right) = \dfrac{1}{2}\left(\dfrac{1-x}{1+x}\right)^{\frac{1}{2}-1} \cdot \mathbb{D}\left(\dfrac{1-x}{1+x}\right) =^4 =$

$\dfrac{1}{2}\left(\dfrac{1-x}{1+x}\right)^{-\frac{1}{2}} \cdot \dfrac{-2}{(1+x)^2} = -\dfrac{(1-x)^{-\frac{1}{2}}}{(1+x)^{-\frac{1}{2}}(1+x)^2} = -\dfrac{(1-x)^{-\frac{1}{2}}}{(1+x)^{-\frac{1}{2}+2}} =$

$-\dfrac{(1-x)^{-\frac{1}{2}}}{(1+x)^{\frac{3}{2}}} = -\dfrac{(1+x)^{-\frac{3}{2}}}{(1-x)^{\frac{1}{2}}}.$

Por lo tanto:

$y' = \dfrac{(1+x)^{\frac{1}{2}}}{(1-x)^{\frac{1}{2}}} \cdot \left(-\dfrac{(1+x)^{-\frac{3}{2}}}{(1-x)^{\frac{1}{2}}}\right) = -\dfrac{(1+x)^{\frac{1}{2}-\frac{3}{2}}}{(1-x)^{\frac{1}{2}+\frac{1}{2}}} = -\dfrac{1}{(1-x)(1+x)}.$

---

[4] Calculado anteriormente: $\mathbb{D}\left(\dfrac{1-x}{1+x}\right)$.

## 3.5. DERIVADAS AVANZADAS

**Ejercicio 56.**
**Calcule las siguientes derivadas:**

(a) $y = \dfrac{1/x - 2/x^2}{2/x^3 - 3/x^4}.$

(b) $y = 7^{x\ln(x)}.$

(c) $y = 10^{\sqrt{x}}.$

(d) $y = \sqrt{x}\ln(x).$

(e) $y = \ln(\ln(x)).$

(f) $y = 3 \div \ln(x^2 + 1).$

(g) $y = \sqrt[3]{2^x + x}.$

(h) $y = x^2 e^{x^3}.$

(i) $y = xe^{\frac{-1}{x}}.$

(j) $y = x \div e^{\frac{1}{x}}.$

(k) $y = e^{\sqrt{x^2+1}}.$

(l) $y = \sqrt{x} \div \ln(x).$

(m) $y = \ln(x) \div x^3.$

(n) $y = e^{2x} \div x^2.$

(ñ) $y = \sqrt{xe^x + x}.$

**Solución 56.**

(a) $y = \dfrac{1/x - 2/x^2}{2/x^3 - 3/x^4} = \dfrac{\frac{x-2}{x^2}}{\frac{2x-3}{x^4}} = \dfrac{x^4(x-2)}{x^2(2x-3)} = \dfrac{x^3 - 2x^2}{2x-3} \to$

$y' = \dfrac{(3x^2 - 4x)(2x-3) - (x^3 - 2x^2) \cdot (2)}{(2x-3)^2} =$

$\dfrac{6x^3 - 9x^2 - 8x^2 + 12x - 2x^3 + 4x^2}{(2x-3)^2} = \dfrac{4x^3 - 13x^2 + 12x}{(2x-3)^2} =$

$\dfrac{x(4x^2 - 13x + 12)}{(2x-3)^2}.$

(b) $y = 7^{x\ln(x)} \to y' = 7^{x\ln(x)} \cdot \ln(7) \cdot \mathbb{D}(x\ln(x))$

$\mathbb{D}(x\ln(x)) = \ln(x) + x \cdot \dfrac{1}{x} = \ln(x) + 1.$

Con lo cual:

$y' = 7^{x\ln(x)} \cdot \ln(7) \cdot (\ln(x) + 1).$

(c) $y = 10^{\sqrt{x}} \to y' = 10^{\sqrt{x}} \cdot \ln(10) \cdot \mathbb{D}(\sqrt{x}) =$

$10^{\sqrt{x}} \cdot \ln(10) \cdot \dfrac{1}{2\sqrt{x}} = \dfrac{10^{\sqrt{x}} \cdot \ln(10)}{2\sqrt{x}} \cdot \dfrac{\sqrt{x}}{\sqrt{x}} = \dfrac{\ln(10) \cdot 10^{\sqrt{x}} \cdot \sqrt{x}}{2x}.$

(d) $y = \sqrt{x}\ln(x) \to y' = \dfrac{1}{2\sqrt{x}}\ln(x) + \sqrt{x} \cdot \dfrac{1}{x} = \dfrac{\ln(x)}{2\sqrt{x}} + \dfrac{1}{\sqrt{x}} \cdot \dfrac{2}{2} =$

$\dfrac{\ln(x) + 2}{2\sqrt{x}} \cdot \dfrac{\sqrt{x}}{\sqrt{x}} = \dfrac{(\ln(x) + 2)\sqrt{x}}{2x}.$

(e) $y = \ln(\ln(x)) \to y' = \dfrac{1}{\ln(x)} \cdot \mathbb{D}(\ln(x)) = \dfrac{1}{\ln(x)} \cdot \dfrac{1}{x} = \dfrac{1}{x\ln(x)}.$

## 3. Cálculo de derivadas

(f) $y = 3 \div \ln(x^2 + 1) = \dfrac{3}{\ln(x^2 + 1)} \to$

$$y' = \dfrac{0 - 3 \cdot \dfrac{1}{x^2+1} \cdot \mathbb{D}(x^2+1)}{(\ln(x^2+1))^2} = \dfrac{-\dfrac{3 \cdot 2x}{x^2+1}}{(\ln(x^2+1))^2} =$$

$$-\dfrac{6x}{(x^2+1)(\ln(x^2+1))^2}.$$

(g) $y = \sqrt[3]{2^x + x} = (2^x + x)^{\frac{1}{3}} \to y' = \frac{1}{3}(2^x + x)^{\frac{1}{3}-1} \cdot \mathbb{D}(2^x + x) =$ [5]

Así pues:

$$y' = \dfrac{1}{3}(2^x + x)^{-\frac{2}{3}}(2^x \ln(2) + 1) = \dfrac{2^x \ln(2) + 1}{3\sqrt[3]{(2^x + x)^2}} \cdot \dfrac{\sqrt[3]{2^x + x}}{\sqrt[3]{2^x + x}} =$$

$$\dfrac{(2^x \ln(2) + 1)\sqrt[3]{2^x + x}}{3\sqrt[3]{(2^x + x)^{2+1}}} = \dfrac{(2^x \ln(2) + 1)\sqrt[3]{2^x + x}}{3(2^x + x)}.$$

(h) $y = x^2 e^{x^3} \to y' = 2x \cdot e^{x^3} + x^2 \cdot e^{x^3} \cdot \ln(e) \cdot \mathbb{D}(x^3) =$

$2xe^{x^3} + x^2 e^{x^3} \cdot 3x^2 =$ [6] $= xe^{x^3}(2 + 3x^3).$

(i) $y = xe^{\frac{-1}{x}} \to y' = 1 \cdot e^{\frac{-1}{x}} + x \cdot e^{\frac{-1}{x}} \ln(e) \cdot \mathbb{D}\left(-\dfrac{1}{x}\right)$

$$\mathbb{D}\left(-\dfrac{1}{x}\right) = \dfrac{0 - (-1) \cdot 1}{x^2} = \dfrac{1}{x^2}.$$

Por tanto:

$$y' = e^{-\frac{1}{x}} + xe^{-\frac{1}{x}} \cdot \dfrac{1}{x^2} = e^{-\frac{1}{x}}\left(1 + \dfrac{1}{x}\right) = e^{-\frac{1}{x}}\left(\dfrac{x+1}{x}\right) =$$

$$\dfrac{x+1}{xe^{\frac{1}{x}}} = \dfrac{x+1}{x\sqrt[x]{e}} \cdot \dfrac{\sqrt[x]{e^{x-1}}}{\sqrt[x]{e^{x-1}}} = \dfrac{(x+1)\sqrt[x]{e^{x-1}}}{xe^{\frac{1+x-1}{x}}} = \dfrac{(x+1)\sqrt[x]{e^{x-1}}}{xe}.$$

---

[5] $\mathbb{D}(2^x + x) = 2^x \ln(2) + 1.$
[6] Recuerde: $\ln(e) = 1.$

(j) $y = x \div e^{\frac{1}{x}} = \dfrac{x}{e^{\frac{1}{x}}} \to y' = \dfrac{e^{\frac{1}{x}} - xe^{\frac{1}{x}} \cdot \mathbb{D}\left(\frac{1}{x}\right)}{\left(e^{\frac{1}{x}}\right)^2}.$

$\mathbb{D}\left(\dfrac{1}{x}\right) = \dfrac{0 - 1 \cdot 1}{x^2} = -\dfrac{1}{x^2}.$

Con lo cual:

$y' = \dfrac{e^{\frac{1}{x}} - xe^{\frac{1}{x}} \cdot \left(-\frac{1}{x^2}\right)}{\left(e^{\frac{1}{x}}\right)^2} = \dfrac{e^{\frac{1}{x}}\left(1 + \frac{1}{x}\right)}{e^{\frac{2}{x}}} = \dfrac{\left(\frac{x+1}{x}\right)}{e^{\frac{1}{x}}} = \dfrac{x+1}{x\sqrt[x]{e}}.$

De manera similar al ejercicio anterior, el denominador debe ser racionalizado para dar el resultado final. En este caso será:

$y' = \dfrac{(x+1)\sqrt[x]{e^{-1}}}{x}.$

(k) $y = e^{\sqrt{x^2+1}} \to y' = e^{\sqrt{x^2+1}} \cdot \ln(e) \cdot \mathbb{D}(\sqrt{x^2+1}).$

$\mathbb{D}(\sqrt{x^2+1}) = \dfrac{1}{2}(x^2+1)^{\frac{1}{2}-1}\mathbb{D}(x^2+1) = \dfrac{1}{2\sqrt{x^2+1}} \cdot 2x.$

Deshaciendo los cambios obtenemos que:

$y' = e^{\sqrt{x^2+1}} \cdot \dfrac{x}{\sqrt{x^2+1}} = \dfrac{x \cdot e^{\sqrt{x^2+1}}}{\sqrt{x^2+1}} \cdot \dfrac{\sqrt{x^2+1}}{\sqrt{x^2+1}} =$

$\dfrac{x \cdot \sqrt{x^2+1} \cdot e^{\sqrt{x^2+1}}}{x^2+1}.$

(l) $y = \sqrt{x} \div \ln(x) = \dfrac{\sqrt{x}}{\ln(x)} \to y' = \dfrac{\frac{1}{2\sqrt{x}} \cdot \ln(x) - \sqrt{x} \cdot \frac{1}{x}}{(\ln(x))^2} =$

$\dfrac{\frac{\ln(x)}{2\sqrt{x}} - x^{\frac{1}{2}-1}}{(\ln(x))^2} = \dfrac{\frac{\ln(x)}{2\sqrt{x}} - \frac{1}{\sqrt{x}}}{(\ln(x))^2} = \dfrac{\frac{\ln(x)-2}{2\sqrt{x}}}{(\ln(x))^2} =$

$\dfrac{\ln(x)-2}{2\sqrt{x}(\ln(x))^2} \cdot \dfrac{\sqrt{x}}{\sqrt{x}} = \dfrac{(\ln(x)-2)\sqrt{x}}{2x(\ln(x))^2}.$

(m) $y = \ln(x) \div x^3 = \dfrac{\ln(x)}{x^3} \to y' = \dfrac{\dfrac{1}{x} \cdot x^3 - \ln(x) \cdot 3x^2}{(x^3)^2} = \dfrac{1 - 3\ln(x)}{x^3}.$

(n) $y = e^{2x} \div x^2 = \dfrac{e^{2x}}{x^2} \to y' = \dfrac{e^{2x} \cdot \mathbb{D}(2x) \cdot x^2 - e^{2x} \cdot 2x}{(x^2)^2} =$

$\dfrac{2x^2 e^{2x} - 2x e^{2x}}{x^4} = \dfrac{2x e^{2x}(x-1)}{x^4} = \dfrac{2e^{2x}(x-1)}{x^3}.$

(ñ) $y = \sqrt{xe^x + x} = (xe^x + x)^{\frac{1}{2}} \to y' = \dfrac{1}{2}(xe^x + x)^{\frac{1}{2}-1} \cdot \mathbb{D}(xe^x + x).$

$\mathbb{D}(xe^x + x) = e^x + x \cdot e^x \ln(e) + 1 = e^x(1+x) + 1.$

Y finalmente:

$y' = \dfrac{1}{2}(xe^x + x)^{-\frac{1}{2}} \cdot (e^x(1+x) + 1) = \dfrac{e^x(1+x)+1}{2\sqrt{x(e^x+1)}} \cdot \dfrac{\sqrt{x(e^x+1)}}{\sqrt{x(e^x+1)}} =$

$\dfrac{(e^x(1+x)+1) \cdot \sqrt{x(e^x+1)}}{2x(e^x+1)}.$

## 3.6. DERIVADAS DE ORDEN SUPERIOR

**Ejercicio 57.**

**Calcule las siguientes derivadas:**

(a) **Tercera derivada de:** $y = x^3 + \dfrac{\pi^2}{2}x^2 + e.$

(b) **Sexta derivada de:** $f(x) = \ln(x).$

(c) **Segunda derivada de:** $y = 7e^{-x}.$

**Solución 57.**

(a) **Tercera derivada de:** $y = x^3 + \dfrac{\pi^2}{2}x^2 + e \to y' = 3x^2 + \pi^2 x \to$
$y'' = 6x + \pi^2 \to y''' = 6$.

(b) **Sexta derivada de:** $f(x) = \ln(x) \to f'(x) = \dfrac{1}{x} \to$

$f''(x) = \dfrac{-1}{x^2} \to f'''(x) = \dfrac{-(-1 \cdot 2x)}{(x^2)^2} = \dfrac{2}{x^3} \to$

$f^{iv}(x) = \dfrac{-(2 \cdot 3x^2)}{(x^3)^2} = \dfrac{-6}{x^4} \to f^v = \dfrac{-(-6 \cdot 4x^3)}{(x^4)^2} = \dfrac{24}{x^5} \to$

$f^{vi}(x) = \dfrac{-(24 \cdot 5x^4)}{(x^5)^2} = \dfrac{-120}{x^6}$.

Visualizando las seis derivadas realizadas, podemos intuir que existe un patrón en las derivadas de la función $f(x) = \ln(x)$. Ese patrón viene dado en la siguiente expresión:

$$y^n = \dfrac{-(-1)^n(n-1)!}{x^n}$$

Donde $n$ es el orden de la derivada. Estos patrones se conocen en matemáticas como la fórmula de la derivada enésima de una función.

(c) **Segunda derivada de:** $y = 7e^{-x} = \dfrac{7}{e^x} \to y' = \dfrac{-7e^x}{e^{2x}} = -7e^{-x} \to$
$y'' = -7e^{-x} \cdot \ln(e) \cdot \mathbb{D}(-x) = -7e^{-x} \cdot 1 \cdot (-1) = 7e^{-x}$.

En este caso, más simple que el anterior, podemos observar que el patrón de la derivada enésima de la función $y = 7e^{-x}$ es el siguiente:

$$y^n = 7e^{-x} \cdot (-1)^n$$

## 3.7. APLICACIONES DE LA DERIVADA EN ECONOMÍA

**Ejercicio 58.**

Un estudiante decide estudiar 3 semanas para el examen final de matemáticas y obtiene 65/100 puntos de nota final. Sin embargo, él sabe que estudiando una semana más, su puntuación podría ser 70/100. ¿Cuál es el beneficio marginal de ese estudiante?

**Solución 58.**

En el contexto de nuestro problema, el beneficio marginal es la puntuación que recibe ese estudiante cuando incrementa una unidad adicional el tiempo de estudio. La unidad del tiempo de estudio es la semana. Además, por cada semana de estudio adicional, el estudiante obtendría 5 puntos más. Así pues, concluimos con que su beneficio marginal es de 5 puntos.

**Ejercicio 59.**

Un concesionario ha estimado que los costes, en miles de euros, del pedido y almacenaje de automóviles sigue la siguiente función: $C(q) = 3q + e + \dfrac{165675}{q}$, siendo $q$ la cantidad de automóviles. ¿Cuál es la cantidad de automóviles que minimiza el coste total?

**Solución 59.**

El primer paso consiste en derivar e igualar a cero la función coste. Esto nos permitirá hallar la cantidad que puede minimizar o maximizar los costes:

$$C(q) = 3q + e + \frac{165675}{q} \rightarrow C'(q) = 3 - \frac{165675}{q^2} \rightarrow C'(q) = 0$$

$$3 - \frac{165675}{q^2} = 0 \rightarrow q = \pm\sqrt{55225} = \pm 235$$

La solución negativa se desecha, debido a que físicamente no existen cantidades de $-235$ automóviles. El siguiente paso es comprobar si, efectivamente, la cantidad $q = 235$ minimiza el coste. Para ello calculamos la segunda derivada. Si la segunda derivada, evaluada en $q = 235$, es mayor que cero, confirmaremos que esa cantidad minimiza el coste total:

$$C''(q) = \frac{331350}{q^3} \rightarrow C''(q = 235) = \frac{331350}{(235)^3} \rightarrow C''(q = 235) > 0$$

Este resultado confirma que la cantidad que minimiza el coste total es de 235 automóviles.

**Ejercicio 60.**

**Un fabricante puede producir radios a 5 € cada una y estima que si fuesen vendidas a $p$ € cada una, los consumidores comprarían la cantidad de $(20 - p)$ radios al día. ¿A qué precio debe vender las radios para maximizar sus beneficios?**

**Solución 60.**

Datos:

$C(q) = 5 \cdot q.$

$q(p) = 20 - p.$

Dicho de otro modo, la pregunta aquí es: ¿cuánto será $p$ para obtener el máximo beneficio? Para responderla, en primer lugar calculamos la expresión $B(p)$:

$B(p) = I(p) - C(p).$

$I(p) = p \cdot q = p \cdot (20 - p) = -p^2 + 20p.$

$C(p) = 5 \cdot (20 - p) = 100 - 5p.$

Con lo cual:

$$B(p) = -p^2 + 20p - (100 - 5p) = -p^2 + 25p - 100.$$

Para calcular el precio que maximiza el beneficio: $B'(p) = 0$:

$$B'(p) = -2p + 25 \to -2p + 25 = 0 \to p = \frac{25}{2}.$$

A continuación comprobamos si ese precio hace máximo el beneficio con $B''\left(p = \dfrac{25}{2}\right) < 0$:

$$B''(p) - -2 \to B''\left(p = \frac{25}{2}\right) = 2.$$

Y, por tanto, el fabricante debería vender las radios a $\dfrac{25}{2}$ € para maximizar sus beneficios.

### Ejercicio 61.

El beneficio de vender atunes rojos en la pescadería del barrio es de $B(p) = 2p - p^2 - 0.84$, siendo $B(p)$ el beneficio en euros por kilogramo de atún rojo y, además, siendo $p$ el precio de cada kilo de atún expresado también en euros.

(a) Esboce la gráfica de la función beneficio.

(b) ¿Cuál sería el rango de precios para obtener beneficio?

(c) ¿Y el precio del kilo de atún rojo para que la pescadería obtenga el máximo beneficio?

(d) Si la pescadería guardase en el almacén 10000 kg de atún rojo, ¿cuál sería el beneficio máximo total que podría obtener?

### Solución 61.

(a) Primero calculamos los puntos de corte con el eje horizontal, que es la cantidad de atunes que el pescadero quiere vender. Nótese que, en este ejercicio, el eje horizontal corresponde a la variable independiente $p$.

$$B(p) = 0 \rightarrow 2p - p^2 - 0.84 = 0.$$

$$p = \frac{-2 \pm \sqrt{2^2 - 4 \cdot (-1) \cdot (-0.84)}}{2 \cdot (-1)} = \frac{-2 \pm \sqrt{0.64}}{-2} = \frac{-2 \pm 0.8}{-2}.$$

$$p_1 = \frac{-2 + 0.8}{-2} = 0.6.$$

$$p_2 = \frac{-2 - 0.8}{-2} = 1.4.$$

### 3. Cálculo de derivadas

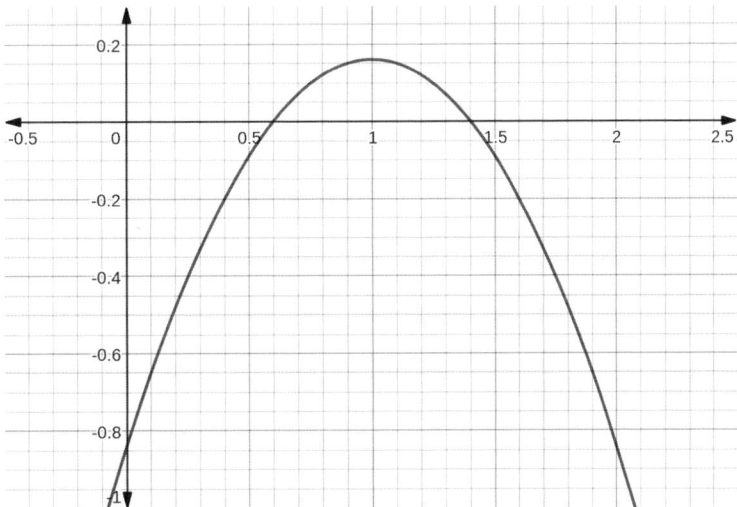

**Figura 3.1.** Esbozo de la gráfica beneficio, $B(p) = 2p - p^2 - 0.84$.

Además, sabemos que el punto de corte en el vertical, $B(p)$, es $-0.84$. Con estos datos ya podemos esbozar nuestra gráfica[7], que se muestra en la figura 3.1.

(b) A partir de la gráfica vemos que el beneficio positivo aparece en el rango de precios de $(0.6, 1.4)$.

(c) El máximo beneficio se encuentra en: $B'(p) = 0$

$$B'(p) = 2 - 2p \to 2 - 2p = 0 \to p = 1.$$

Ahora nos preguntamos: ¿es $p = 1$ el valor que maximiza nuestro beneficio? Esto lo verificamos, si y solo si: $B''(p = 1) < 0$:

$$B''(p) = -2 \to B''(p = 1) = -2.$$

En consecuencia, podemos confirmar que el máximo beneficio se obtiene cuando el kilogramo de atún cuesta un euro.

---
[7]Nota: En el tema 4 se formaliza el cálculo de gráficas en funciones cuadráticas.

(d) El beneficio máximo por kilo de atún rojo es:

$$B(p=1) = 2 \cdot 1 - 1^2 - 0.84 = 0.16 \, €/kg.$$

Finalmente, si tenemos almacenados 10000 kg de atún rojo, el beneficio total será: $10.000 \cdot 0.16 = 1600 \, €$.

---

**Ejercicio 62.**

Una constructora vende a 100 € sacos con 30 kg de cemento cada uno. Los costes de la constructora se estiman en $C(q) = 3000000 + 0.001q^2$.

(a) **Calcule la cantidad de sacos de cemento que maximiza el beneficio.**

(b) **¿Le conviene a la empresa seguir con esta actividad?**

---

**Solución 62.**

Datos:

$C(q) = 3000000 + 0.001q^2$.

$I(q) = p \cdot q = 100 \cdot q$.

(a) Sabemos que: $B(q) = I(q) - C(q) = 100 \cdot q - 3000000 - 0.001q^2$.

Para maximizar el beneficio calcularemos su derivada e igualaremos a cero: $B'(q) = 0$:

$B'(q) = 100 - 0.002q \rightarrow B'(q) = 0 \rightarrow$

$0 = 100 - 0.002q \rightarrow q = 50000$.

*3. Cálculo de derivadas*

Hay que confirmar si la cantidad de 50000 sacos de cemento es la que maximiza el beneficio; para ello haremos la segunda derivada del beneficio y comprobaremos que es menor que 0:

$B''(q) < 0.$

$B''(q) = -0.002.$

Así pues, la cantidad $q = 50000$ sacos es la que maximiza el beneficio.

(b) Para responder a esta pregunta hemos de calcular el beneficio de producir $q = 50000$ sacos de cemento:

$$B(q = 50000) = 100 \cdot (50000) - 3000000 - 0.001 \cdot (50000)^2 = \\ -500000$$

En esta situación la constructora obtendría mayor beneficio, el cual es negativo. Usando solo estos datos, se concluye que es mejor parar la actividad de esta empresa.

**Ejercicio 63.**

Un fabricante estima que la curva matemática de costes totales de la producción de cañas de pesca se aproxima a la siguiente expresión: $C(x) = \dfrac{x^2}{8} + 3x + \pi^3$, donde $x$ es la unidad de cañas vendidas. Si el precio de una caña, en unidades monetarias, es $p(x) = \dfrac{1}{3}(75 - x)$, se sabe que el fabricante venderá todas las cañas.

(a) Calcule el ingreso y coste marginal.

(b) Calcule el coste marginal de producir la novena caña.

(c) ¿Cuál es el coste real de producir la novena caña habiendo producido ocho?

(d) Use el ingreso marginal para estimar el ingreso de producir la novena caña.

(e) ¿Cuál es el ingreso real al producir la novena caña?

**Solución 63.**

Datos:

$$C(x) = \dfrac{x^2}{8} + 3x + \pi^3.$$

$$p(x) = \dfrac{1}{3}(75 - x).$$

$$I(x) = p \cdot x = \dfrac{1}{3}(75 - x) \cdot x = 25x - \dfrac{x^2}{3}.$$

## 3. Cálculo de derivadas

(a) Este apartado lo resolvemos derivando la función coste e ingreso:

- Por una parte, el ingreso marginal es: $I'(x) = 25 - \dfrac{2}{3}x$.
- Por otra parte, el coste marginal es: $C'(x) = \dfrac{x}{4} + 3$.

(b) El coste marginal de producir la novena caña significa el coste adicional que supone producir una unidad más de producto, cañas, en nuestro caso. El coste marginal que supone producir la novena caña se evalúa en 8, pues el resultado dará el coste marginal de producir de 8 a 9 cañas, o, en otras palabras, la novena caña.

$C'(x=8) = \dfrac{8}{4} + 3 = 5$ unidades monetarias.

(c) El coste real de producir la novena caña habiendo producido 8 se calcula según la siguiente expresión:

$\Delta C = C(9) - C(8) = \left(\dfrac{9^2}{8} + 3 \cdot 9 + \pi^3\right) - \left(\dfrac{8^2}{8} + 3 \cdot 8 + \pi^3\right) = \dfrac{41}{8}$ unidades monetarias.

(d) Usando el mismo razonamiento que aplicamos en la resolución del segundo apartado, el ingreso marginal de producir la novena caña será el ingreso adicional que se consigue al vender una caña (unidad) más. Se evalúa el ingreso marginal, por tanto, en 8:

$I'(x=8) = 25 - \dfrac{2}{3} \cdot 8 = \dfrac{59}{3}$ unidades monetarias.

(e) El ingreso real de producir la novena caña será, por tanto:

$\Delta I = I(9) - I(8) = \left(25 \cdot 9 - \dfrac{9^2}{3}\right) - \left(25 \cdot 8 - \dfrac{8^2}{3}\right) = \dfrac{58}{3}$ unidades monetarias.

**Ejercicio 64.**

Una empresa de logística estima que el coste de transportar $q$ melones en sus camiones durante los meses de verano es de $C(q) = \dfrac{1}{2}q^2 + 10q + 10$ y que podrá vender todos los melones si el precio de venta fuese $p(q) = \dfrac{-1 + 2q}{2}$ por unidad.

(a) Calcule el coste e ingreso marginal.

(b) Use el coste marginal para estimar el coste de transportar el quinto melón.

(c) ¿Cuál es el coste real de transportar el quinto melón?

(d) ¿Cuánto costará transportar cinco melones?

(e) ¿Cuánto es el ingreso marginal al transportar el quinto melón?

(f) ¿Cuál es el ingreso real de transportar el quinto melón?

(g) ¿Cuánto es el ingreso al transportar cinco melones?

(h) ¿Qué es más conveniente, transportar 4 ó 5 melones?

(i) ¿A partir de qué número de melones tendríamos beneficio positivo?

## 3. Cálculo de derivadas

**Solución 64.**

Datos:

$$C(q) = \frac{1}{2}q^2 + 10q + 10.$$

$$p(q) = \frac{-1+2q}{2}.$$

$$I(q) = p \cdot q = \left(\frac{-1+2q}{2}\right)q = \frac{-q}{2} + q^2.$$

(a) A partir de los datos podemos calcular el coste e ingreso marginal, respectivamente, como sigue:

$$C'(q) = q + 10.$$

$$I'(q) = \frac{-1}{2} + 2q.$$

(b) El coste marginal de transportar cinco melones es la estimación del coste marginal al variar de 4 a 5 melones. Por lo tanto, se ha de evaluar el coste marginal en $q = 4$, cuyo resultado es:

$$C'(q = 4) = 4 + 10 = 14.$$

(c) El coste real de transportar el quinto melón es la variación del coste cuando la cantidad de melones aumenta de 4 a 5 unidades.

$$\Delta C = C(5) - C(4).$$

$$C(5) = \frac{1}{2}5^2 + 10 \cdot 5 + 10 = \frac{155}{2} = 77.5.$$

$$C(4) = \frac{1}{2}4^2 + 10 \cdot 4 + 10 = 58.$$

$$\Delta C = 77.5 - 58 = 19.5.$$

En nuestro caso, 19.5 unidades monetarias es el coste real de transportar el quinto melón.

(d) Transportar cinco melones supone un coste de $C(5) = 77.5$ unidades monetarias.

(e) El ingreso marginal de transportar cinco melones es la estimación del ingreso marginal al variar de 4 a 5 melones en el camión. Por lo tanto, se ha de evaluar el ingreso marginal en $q = 4$, cuyo resultado es:

$$I'(q=4) = \frac{-1}{2} + 2 \cdot 4 = 7.5.$$

(f) El ingreso real de transportar el quinto melón es la variación del ingreso cuando la cantidad de melones aumenta de 4 a 5 unidades.

$$\Delta I = I(5) - I(4).$$
$$I(5) = \frac{-5}{2} + 5^2 = 22.5.$$
$$I(4) = \frac{-4}{2} + 4^2 = 14.$$
$$\Delta I = 22.5 - 14 = 8.5.$$

Por lo tanto, el ingreso real de transportar el quinto melón supone $8.5$ unidades monetarias.

(g) Transportar cinco melones supone un ingreso de $I(5) = 22.5$ unidades monetarias.

(h) Se nos pide calcular el beneficio de transportar 4 melones y compararlo con el beneficio de transportar 5 melones.

$$B(q) = I(q) - C(q) = \frac{-q}{2} + q^2 - \left(\frac{1}{2}q^2 + 10q + 10\right) \rightarrow$$
$$B(q) = \frac{1}{2}q^2 - \frac{21}{2}q - 10.$$

En consecuencia:

## 3. Cálculo de derivadas

- $B(q=5) = \dfrac{1}{2}5 - \dfrac{21}{2}5 - 10 = \dfrac{25 - 105 - 20}{2} = -50.$
- $B(q=4) = \dfrac{1}{2}4 - \dfrac{21}{2}4 - 10 = 8 - 42 - 10 = -44.$

De acuerdo con estos resultados, se obtiene más beneficio al transportar 4 melones. Sin embargo, en ambos casos el beneficio es negativo y, por lo tanto, no conviene transportar ni 4 ni 5 melones.

(i) Para ello esbozamos la gráfica de beneficio. Primero calculamos los puntos de corte con el eje horizontal, en nuestro caso corresponde a $q$, que es la cantidad de melones a transportar.

$$B(q) = 0 \to \frac{1}{2}q^2 - \frac{21}{2}q - 10 = 0.$$

$$q = \frac{-\left(-\dfrac{21}{2}\right) \pm \sqrt{\left(-\dfrac{21}{2}\right)^2 - 4 \cdot \left(\dfrac{1}{2}\right) \cdot (-10)}}{2 \cdot \dfrac{1}{2}} =$$

$$\frac{\dfrac{21}{2} \pm \sqrt{\dfrac{441}{4} + 20}}{1} = \frac{21}{2} \pm \sqrt{\frac{361}{4}} = \frac{21}{2} \pm \sqrt{\frac{521}{4}} =$$

$$\frac{21}{2} \pm \frac{\sqrt{521}}{2} = 10.5 \pm 11.4.$$

Las soluciones son:

- $q_1 = 10.5 + 11.4 = 21.9.$
- $q_2 = 10.5 - 11.4 = -0.9.$

Además, sabemos que el punto de corte en el eje vertical es en $-10$, pues $B(q = 0) = -10$. Con estos datos ya podemos esbozar la gráfica, la cual es ilustrada en la figura 3.2.

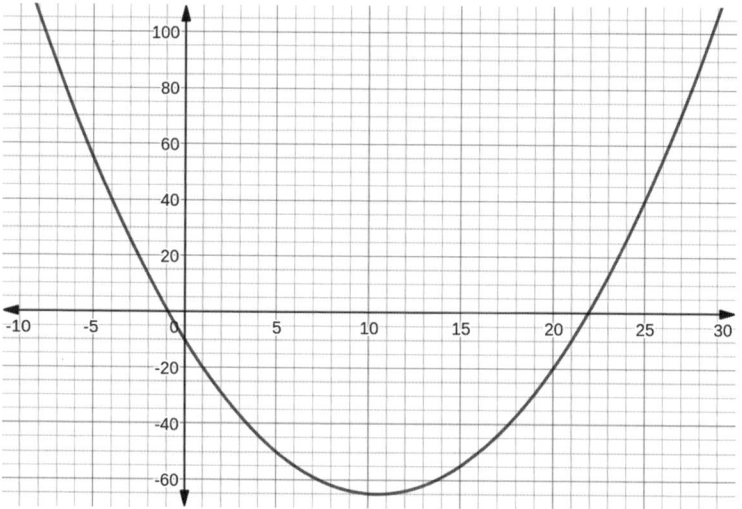

**Figura 3.2.** Esbozo de la gráfica beneficio, $B(q) = \dfrac{1}{2}q^2 - \dfrac{21}{2}q - 10$.

Como podemos comprobar en la gráfica, los beneficios positivos se obtienen a partir de 21.9.

En el contexto de nuestro problema, la respuesta final es que hemos de transportar al menos 22 melones para empezar a obtener beneficio positivo.

## 3. Cálculo de derivadas

> **Ejercicio 65.**
>
> Vicente vende las copas de *gin-tonic* a 6 € cada una y, a este precio, los clientes han estado comprando 6000 copas de *gin-tonic* al mes. A Vicente le gustaría elevar el precio de la copa y estima que por cada euro de incremento en el precio, podrá vender 1000 copas de *gin-tonic* menos cada mes. Sabiendo que a Vicente le cuesta 4 € producir una copa, ¿a qué precio debería vender Vicente las copas de *gin-tonic* para generar el máximo beneficio posible? ¿Cuál sería el beneficio máximo que podría obtener? ¿Cuál sería el incremento real en el beneficio?

**Solución 65.**

Datos:

En la situación inicial, Vicente tiene los siguientes ingresos mensuales:

$I_1 = p_1 \cdot q_1 = 6 \cdot 6000 = 36000 \, €.$

El coste mensual en la situación inicial es:

$C_1 = 4 \cdot q_1 = 4 \cdot 6000 = 24000 \, €.$

Así pues, podemos calcular el beneficio mensual, en euros, en la situación inicial:

$B_1 = I_1 - C_1 = 36000 - 24000 = 12000 \, €.$

Por otro lado, Vicente quiere incrementar el precio de la copa de *gin-tonic*. Esto implica que el precio en la nueva situación será de:

$p_2 = 6 + x.$

Donde $x$ viene dado en euros y representa el incremento de precio.

Debido a que en esta situación se venderán 1000 copas menos, la cantidad será:

$$q_2 = 6000 - 1000x.$$

El coste mensual en esta situación se estima como:

$$C_2(x) = 4 \cdot q_2 = 4 \cdot (6000 - 1000x) = 24000 - 4000x.$$

Y el ingreso será:

$$I_2(x) = p_2 \cdot q_2 = (6 - x) \cdot (6000 - 1000x) =$$
$$36000 - 6000x + 6000x - 1000x^2 = -1000x^2 + 36000.$$

De la misma manera, el beneficio mensual será:

$$B_2(x) = I_2(x) - C_2(x) = -1000x^2 + 3600 - 24000 + 4000x =$$
$$- 1000x^2 + 4000x + 12000.$$

(a) El beneficio máximo en la nueva situación viene dado por:

$$B_2'(x) = 0.$$
$$B_2'(x) = -2000x + 4000 \to -2000x + 4000 = 0 \to x = 2.$$

Ahora nos preguntamos si incrementando el precio en 2€ (pues $x = 2$) obtendremos beneficio máximo o mínimo. Para ello se ha de verificar que $B_2''(x = 2) < 0$:

$$B_2''(x) = -2000 \to B_2''(x = 2) = -2000$$

Con este resultado afirmamos que incrementando 2€ el precio de la copa de *gin-tonic*, Vicente podrá obtener mayor beneficio.

(b) El beneficio máximo que podría obtener sería evaluar $B_2(x)$ en $x = 2$:

$$B_2(x = 2) = -1000 \cdot 2^2 + 4000 \cdot 2 + 12000 = 16000 \,€.$$

## 3. Cálculo de derivadas

Vicente obtendrá mensualmente $16000\,€$ de beneficio incrementando el precio en $2\,€$, o lo que es lo mismo, vendiendo la copa de *gin-tonic* a $6\,€$.

(c) El incremento en el beneficio será:

$$\Delta B = B_2 - B_1 = 16000 - 12000 = +4000\,€.$$

Vicente verá un incremento positivo de $4000\,€$ al mes en el beneficio, comparado con la situación inicial.

# 4. Funciones con variable real

*Si uno pregunta la solución de un problema, el conocimiento NO permanece. Es como si uno lo hubiera pedido prestado. En cambio, si lo piensa uno, es como haberlo adquirido para siempre.*
Adrián Paenza,
Argentina (70 años en 2019).

**CONTENIDO**

4.1. Dominio de diferentes funciones.
4.2. Monotonía, extremos locales, intervalos de concavidad y convexidad y puntos de inflexión.
4.3. Problemas de funciones polinómicas de primer grado.
4.4. Problemas de funciones polinómicas de segundo grado.

## 4.1. DOMINIO DE DIFERENTES FUNCIONES

**Ejercicio 66.**
Calcule el dominio de las siguientes funciones:

(a) $f(x) = x(50x^2 - 4)$.

(b) $g(x) = \dfrac{2}{x-2}$.

(c) $t(x) = \sqrt{x+8}$.

(d) $o(x) = \sqrt{\dfrac{3x^5}{x^2 - 5x + 6}}$.

(e) $p(x) = -3^x + 3$.

(f) $r(x) = \log_3(x^2 - 4)$.

(g) $s(x) = \dfrac{x-3}{x+1} + \ln(x+2)$.

**Solución 66.**

(a) $f(x) = x(50x^2 - 4)$.

Esta función es polinómica de grado 3. Con independencia del grado del polinomio, su dominio contiene a todos los números reales:

$$\mathrm{Dom}\, f(x) = \mathbb{R}.$$

(b) $g(x) = \dfrac{2}{x-2}$.

Este caso representa una función racional. El dominio de una función racional contiene todos los números reales, excepto aquellos valores que anulan el denominador. En este caso:

$x - 2 = 0 \to x = 2$.

Con lo cual:

$$Dom\, g(x) = \mathbb{R} - \{2\}.$$

(c) $t(x) = \sqrt{x + 8}$.

Esta expresión corresponde a una raíz cuadrada. Se verifica que el dominio de la función contiene aquellos valores que harán que la expresión dentro de la raíz sea mayor o igual a cero, es decir:

$x + 8 \geq 0 \to x \geq -8$.

Con lo cual:

$$Dom\, t(x) = \{x \in \mathbb{R} : x \geq -8\}.$$

(d) $o(x) = \sqrt{\dfrac{1}{x^2 - 5x + 6}}$.

La función $o(x)$ combina una raíz cuadrada con una función racional cuyo denominador es un polinomio de grado dos. En este caso calcularemos los valores de $x$ que anulen el polinomio: $x^2 - 5x + 6 = 0$. Se verifica que esto sucede cuando $(x_1, x_2) = (2, 3)$. Cuando la $x$ tome estos valores, la función $o(x)$ no existirá debido a que el denominador se anulará. Por otro lado, la expresión contenida en la raíz debe satisfacer que: $\dfrac{1}{x^2 - 5x + 6} \geq 0$. Esto se cumple con todos los números reales, excepto para las raíces del polinomio del denominador, previamente calculadas. Con lo cual, el dominio será:

$$Dom\, o(x) = \mathbb{R} - \{2, 3\}.$$

(e) $p(x) = -3^x + 3$.

Estamos ante una función exponencial, siendo la variable independiente un exponente y la base un número real. Para este tipo de funciones, todos los números reales están contenidos en el dominio de $p(x)$:

$$Dom\, p(x) = \mathbb{R}.$$

(f) $r(x) = \log_3(x^2 - 4)$.

Este ejemplo representa una función logarítmica. Su dominio contiene aquellos valores de $x$ que satisfacen que: $x^2 - 4 > 0$. Esto, por tanto, sucede en: $x^2 - 4 > 0 \to x^2 = 4 \to x = \pm 2$.

Con lo cual, el dominio de la función será:

$$Dom\, r(x)(-\infty, -2) \cup (2, \infty).$$

(g) $s(x) = \dfrac{x-3}{x+1} + \ln(x+2)$.

El dominio de esta función lo analizamos por separado para cada sumando:

- $\dfrac{x-3}{x+1}$: El dominio de esta función contiene todos los números reales excepto el $-1$: $\mathbb{R} - \{-1\}$.

- $\ln(x+2)$: Este caso corresponde a un logaritmo neperiano, donde se ha de verificar que $x + 2 > 0$. Con lo cual, su dominio será: $\{x \in \mathbb{R} : x \geq -2\}$.

El dominio resultante es la intersección de ambos dominios, es decir:

$$Dom\, s(x)\{x \in \mathbb{R} : x \geq -2 \wedge x \neq -1\}.$$

También podemos escribir el dominio en forma de intervalos:

$$Dom\, s(x)(-2, -1) \cup (-1, \infty).$$

## 4.2. MONOTONÍA, EXTREMOS LOCALES, INTERVALOS DE CONCAVIDAD Y CONVEXIDAD Y PUNTOS DE INFLEXIÓN

> **Ejercicio 67.**
> Estudiar la monotonía, extremos locales, intervalos de concavidad y convexidad de la $f(x)$ compuesta con $g(x)$, donde $f(x) = x^3 - 3x^2$ y $g(x) = 2x + 1$.

**Solución 67.**

La $f(x)$ compuesta[1] con $g(x)$ hace referencia a $(g \circ f)(x)$:

$$(g \circ f)(x) = g(f(x)) = 2(x) + 1 = 2(x^3 - 3x^2) + 1 = 2x^3 - 6x^2 + 1.$$

Inicialmente calculamos la monotonía de $(g \circ f)(x)$ y sus extremos locales:

$$(g \circ f)'(x) = 6x^2 - 12x \to (g \circ f)'(x) = 0 \to$$
$$6x^2 - 12x = 0 \to (x_1, x_2) = (0, 2).$$

A continuación estudiamos los tres intervalos:

- $(-\infty, 0) \to (g \circ f)'(x = -1) = 6 \cdot (-1)^2 - 12 \cdot (-1) \to$
  $(g \circ f)'(x) > 0$ *(creciente)*.

- $(0, 2) \to (g \circ f)'(x = 1) = 6 \cdot (1)^2 - 12 \cdot (1) \to$
  $(g \circ f)'(x) < 0$ *(decreciente)*.

- $(2, \infty) \to (g \circ f)'(x = 3) - 6 \cdot (3)^2 - 12 \cdot (3) \to$
  $(g \circ f)'(x) > 0$ *(creciente)*.

---
[1]La composición de funciones es parte del primer tema de este libro.

En consecuencia, tenemos que:

- $(g \circ f)(x)$ es creciente en el intervalo: $(-\infty, 0) \cup (2, \infty)$.
- $(g \circ f)(x)$ es decreciente en el intervalo: $(0, 2)$.
- $(g \circ f)(x)$ tiene dos extremos locales: $i)$ uno en $x = 0$, el cual es un máximo debido al cambio de monotonía de creciente a decreciente en ese punto; $ii)$ otro en $x = 2$, el cual es un mínimo debido al cambio de monotonía de decreciente a creciente en ese punto.

Respecto al estudio de la concavidad, convexidad y puntos de inflexión, calcularemos la segunda derivada de $(g \circ f)(x)$ y la igualaremos a cero:

$$(g \circ f)''(x) = 12x - 12 \to (g \circ f)''(x) = 0 \to 0 = 12x - 12 \to x = 1.$$

Estudiaremos, pues, los dos intervalos:

- $(-\infty, 1) \to (g \circ f)''(x = 0) = -12 \to (g \circ f)''(x = 0) < 0$ *(cóncava y tiene un máximo, como ya sabíamos)*.
- $(1, \infty) \to (g \circ f)''(x = 2) = 12 \cdot 2 - 12 \to (g \circ f)''(x = 0) > 0$ *(convexa y tiene un mínimo, como ya sabíamos)*.

Con lo cual tenemos:

- $(g \circ f)(x)$ es cóncava en el intervalo: $(-\infty, 1)$.
- $(g \circ f)(x)$ es convexa en el intervalo: $(1, \infty)$.
- $(g \circ f)(x)$ tiene un punto de inflexión en $x = 1$.

La figura 4.1 ilustra la función $(g \circ f)(x)$, la cual podría ser deducida por el análisis previamente realizado.

### 4. Funciones con variable real

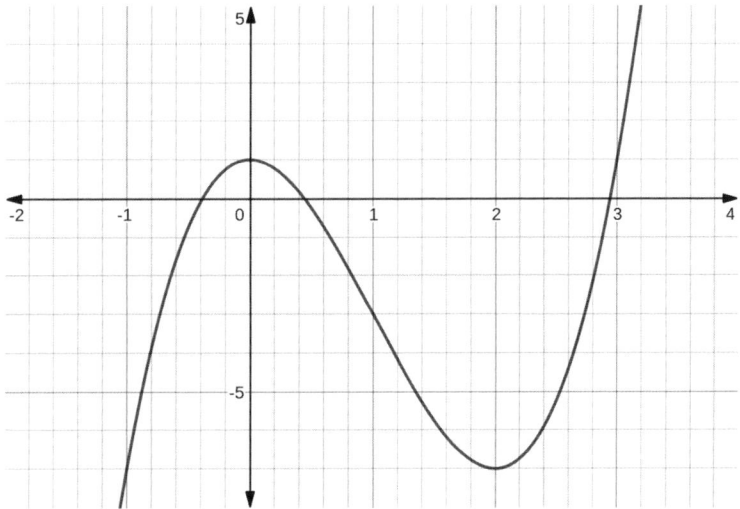

**Figura 4.1.** Gráfico de la función $(g \circ f)(x) = 2x^3 - 6x^2 + 1$. Nótese que en estos ejercicios el alumno no visualiza la representación gráfica de la función, sino que hace un estudio analítico de la misma.

**Ejercicio 68.**
**Estudiar la concavidad, convexidad y puntos de inflexión de $(f \circ g)(x)$, siendo $f(x) = \dfrac{x}{2} + 4$ y $g(x) = 2x^4 - 6x^2 + 4x$.**

**Solución 68.**

La $g(x)$ compuesta con $f(x)$ será:

$$(f \circ g)(x) = f(g(x)) = \frac{(x)}{2} + 4 =$$
$$\frac{(2x^4 - 6x^2 + 4x)}{2} + 4 = x^4 - 3x^2 + 2x + 4.$$

Calcularemos, pues, la segunda derivada de $(f \circ g)(x)$ y la igualaremos a cero:

$$(f \circ g)'(x) = 4x^3 - 6x + 2 \to (f \circ g)''(x) = 12x^2 - 6.$$
$$(f \circ g)''(x) = 0 \to 0 = 12x^2 - 6 \to$$
$$(x_1, x_2) = \left(\frac{1}{\sqrt{2}}, -\frac{1}{\sqrt{2}}\right) \simeq (-0.7, 0.7).$$

Ahora procedemos a calcular los tres intervalos:

- $(-\infty, -0.7) \to (f \circ g)''(x = -1) = 12 - 6 \to (f \circ g)''(x) > 0$ *(convexa y tiene un mínimo)*.

- $(-0.7, 0.7) \to (f \circ g)''(x = 0) = -6 \to (f \circ g)''(x) < 0$ *(cóncava y tiene un máximo)*.

- $(0.7, \infty) \to (f \circ g)''(x = 1) = 6 \to (f \circ g)''(x) > 0$ *(convexa y tiene un mínimo)*.

Así pues, concluimos de la siguiente manera:

- $(f \circ g)(x)$ es convexa en el intervalo: $(-\infty, -0.7) \cup (0.7, \infty)$.

- $(f \circ g)(x)$ es cóncava en el intervalo: $(-0.7, 0.7)$.

- $(f \circ g)(x)$ tiene dos puntos de inflexión, uno en $x = -0.7$ y otro en $x = 0.7$.

## 4. Funciones con variable real

> **Ejercicio 69.**
> Si $f(x) = 2x+1$ y $g(x) = x7^x$, la $f(x)$ compuesta con $g(x)$ da como resultado una función cuya derivada, $(g \circ f)'(x)$, presenta un extremo local en $x = -0.7569$. Estudie la monotonía en los intervalos $(-\infty, -0.7569)$ y $(-0.7569, +\infty)$.

**Solución 69.**

Desarrollando la función $(g \circ f)(x)$ obtenemos lo siguiente:

$$(g \circ f)(x) = (x)7^{(x)} = (2x+1) \cdot 7^{2x+1}.$$

Su derivada se calcula a continuación:

$$(g \circ f)'(x) = 2 \cdot 7^{2x+1} + (2x+1) \cdot 7^{2x+1} \ln(7) \cdot 2.$$

Ahora procedemos a estudiar la monotonía:

- En el intervalo $(-\infty, -0.7569)$ la evaluamos en $(g \circ f)'(x = -1)$:

$$(g \circ f)'(x = -1) = 2 \cdot 7^{-1} + (-1) \cdot 7^{-1} \ln(7) \cdot 2 =$$
$$2 \cdot 7^{-1}(1 - \ln(7)) \to < 0 \quad \textit{(decreciente)}.$$

- En el intervalo $(-0.7569, +\infty)$, la monotonía la evaluamos a través de $(g \circ f)'(x = 0)$:

$$(g \circ f)'(x = 0) = 2 \cdot 7 + 7\ln(7) \cdot 2 \to > 0 \quad \textit{(creciente)}.$$

Con lo cual tenemos:

- $(g \circ f)(x)$ decrece en el intervalo: $(-\infty, -0.7569)$.

- $(g \circ f)(x)$ crece en el intervalo: $(-0.7569, +\infty)$.

- $(g \circ f)(x)$ tiene un mínimo en el punto $x = -0.7569$ debido al cambio decrece/crece de la función $(g \circ f)(x)$.

> **Ejercicio 70.**
> Se sabe que una cierta función $f(x)$ es logarítmica. Además, se conoce que la expresión de su derivada es: $f'(x) = \dfrac{2x}{x^2 + 4}$.
> Estudie la concavidad, convexidad y puntos de inflexión de dicha función $f(x)$ desconocida.

**Solución 70.**

Para el estudio de la concavidad, convexidad y puntos de inflexión necesitamos la segunda derivada de $f(x)$:

$$f''(x) = \frac{2(x^2+4) - 2x \cdot 2x}{(x^2+4)^2} = \frac{-2x^2+8}{(x^2+4)^2}.$$

Los puntos críticos que debemos analizar los obtendremos, por tanto, del numerador y denominador:

- *Numerador:* buscamos aquellos valores de $x$ que anulan el numerador:

$$-2x^2 + 8 = 0 \rightarrow x = \pm 2.$$

- *Denominador:* buscamos aquellos valores de $x$ que anulan el denominador:

$$(x^2+4)^2 = 0 \rightarrow x = \sqrt{-4} \rightarrow \nexists.$$

No existen valores en $x$ que anulen el denominador.

## 4. Funciones con variable real

En consecuencia, procedemos al estudio de la recta real según los puntos críticos encontrados:

- $(-\infty, -2) \to f''(x=-3) = \dfrac{-2 \cdot 9 + 8}{(9+4)^2} \to f''(x) < 0$ (cóncava).

- $(-2, 2) \to f''(x=0) = \dfrac{8}{4^2} \to f''(x) > 0$ (convexa).

- $(2, \infty) \to f''(x=3) = \dfrac{-2 \cdot 9 + 8}{(9+4)^2} \to f''(x) < 0$ (cóncava).

Con lo cual tenemos:

- $f(x)$ es cóncava en el intervalo: $(-\infty, -2) \cup (2, \infty)$.
- $f(x)$ es convexa en el intervalo: $(-2, 2)$.
- $f(x)$ tiene dos puntos de inflexión en $x = -2$ y en $x = 2$.

## 4.3. PROBLEMAS DE FUNCIONES POLINÓMICAS DE PRIMER GRADO

**Ejercicio 71.**

**Diego viaja de Tenerife a Gran Canaria por Navidad y está estudiando cuánto peso puede transportar en su equipaje. La compañía aérea A le ofrece la posibilidad de reservar un billete con la tarifa SuperBult. La tarifa SuperBult cuesta 50 € el billete con independencia de los kilos de equipaje. La compañía aérea B le ofrece, por ser él y no otro, la ganga de cobrarle 0.5 € el kilo de equipaje más 40 € en conceptos de tasas aeroportuarias y, además, le regala el pasaje a Gran Canaria en clase *business*. Calcule la función del gasto de cada compañía y determine a partir de cuántos kilos de equipaje le conviene a Diego elegir una opción u otra.**

**Solución 71.**

La compañía A tiene una función de gasto lineal[2], medida en euros, tal que así: $g_1 = 50$.

La compañía B, en cambio, tiene la siguiente función lineal de coste, medida en euros también: $g_2 = 40 + 0.5x$, donde $x$ son los kilos de equipaje.

Para representar la función de la compañía B usamos el punto de corte con el eje vertical, es decir, 40, y calculamos el punto de corte con el eje horizontal de la siguiente manera:

---

[2]Nota: $y = mx + c$ es la forma más habitual de representar las funciones lineales, siendo $(m)$ la pendiente de la función y $(c)$ el punto de corte con el eje vertical. El estudiante debe ser capaz de visualizar gráficos de este tipo de funciones y asociarlos a la fórmula de las funciones lineales. En consecuencia, las dos cosas que debe visualizar al inicio es si la pendiente es positiva o negativa y el punto de corte con el eje $y$.

$$g_2 = 0 \to 40 + 0.5x = 0 \to x = -60.$$

Para responder qué opción es preferida, hemos de igualar ambas ecuaciones de gastos y calcular el valor de $x$:

$$g_1 = g_2 \to 50 = 40 + 0.5x \to x = 20.$$

Si Diego transporta menos de 20 kg le conviene realizar el viaje con los servicios ofertados por la compañía B; en caso contrario le convendría contratar la tarifa SuperBult, ofrecida por la compañía A.

La figura 4.2 ilustra las funciones de gasto lineal de ambas compañías.

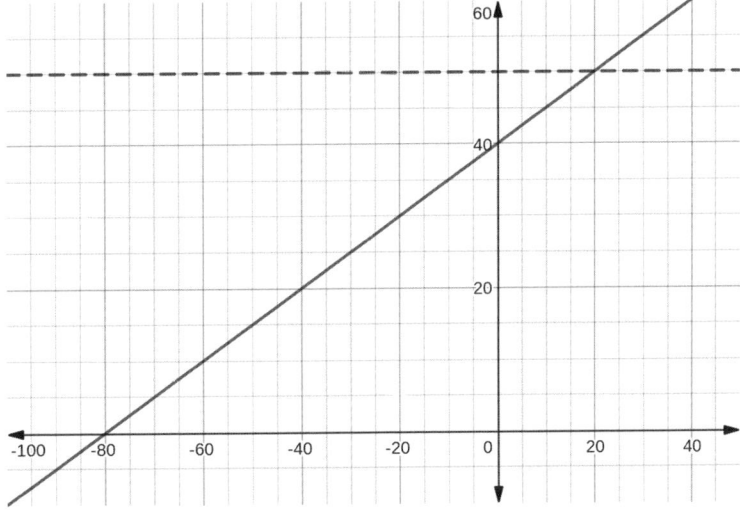

**Figura 4.2.** Gráfico de $g_1 = 50$ (línea discontinua) y $g_2 = 40 + 0.5x$ (línea continua).

**Ejercicio 72.**

Un cierto producto cuesta 36 dólares y, a ese precio, su demanda semanal media se estima en 17 unidades. Sin embargo, si ese mismo producto se regalara, se estima que su demanda semanal media incrementaría en 18 unidades.

(a) Asumiendo que sea lineal, estime la expresión matemática de la demanda.

(b) Suponiendo que la oferta de dicho producto viene dada por la ecuación $q_o = \frac{1}{2}p + 21$, determine el punto de equilibrio del mercado.

**Solución 72.**

(a) Si la demanda es lineal, su expresión será: $q_d = a \cdot p + b$, donde el par $(a, b)$ es el que necesitamos calcular. Por un lado, nos dicen que $p = 36$ en caso de que $q_d = 17$. Por otro lado, si $p = 0$, la demanda será $q_d = 17 + 18$. Con lo cual, ya podemos aplicar un sistema de dos ecuaciones con dos incógnitas:

$$\begin{cases} 17 = a \cdot 36 + b \\ 35 = a \cdot 0 + b \end{cases}$$

De aquí deducimos primero que $b = 35$ y que $a = -\frac{1}{2}$. En consecuencia, la función de la demanda lineal quedaría como: $q_d = -\frac{1}{2}p + 35$.

(b) El punto de equilibrio del mercado viene determinado cuando la ecuación de la demanda y de la oferta se igualan: $q_d = q_o$.

En tal caso:

## 4. Funciones con variable real

$$-\frac{1}{2}p + 35 = \frac{1}{2}p + 21 \to p = 14.$$

A continuación usaremos cualquiera de las dos ecuaciones para calcular la cantidad:

$$q(p=14) = \frac{1}{2} \cdot 14 + 21 = 28.$$

Finalmente, se concluye con que el mercado estará en equilibrio cuando el precio del producto sea $p^* = 14$ dólares y la cantidad $q^* = 28$ unidades. La figura 4.3 muestra un esbozo de las gráficas correspondientes, así como el punto de equilibrio.

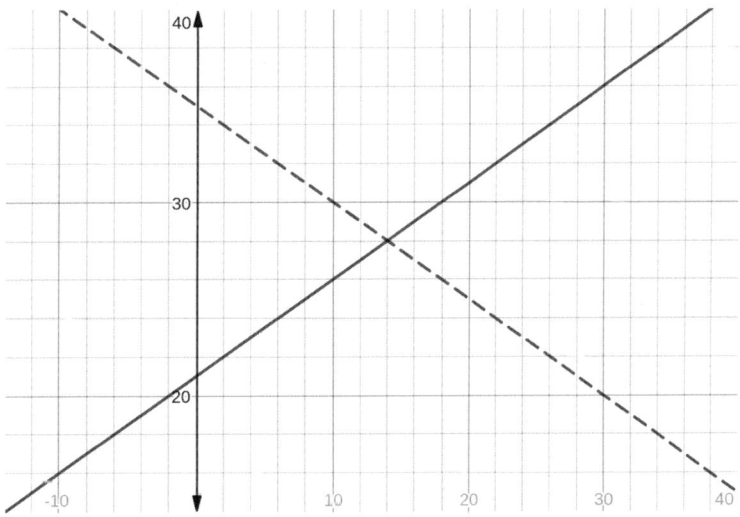

**Figura 4.3.** Gráfico de $q_d = -\frac{1}{2}p + 35$ (línea discontinua) y $q_o = \frac{1}{2}p + 21$ (línea continua). El punto de corte de ambas curvas es el punto de equilibrio del mercado.

**Ejercicio 73.**

La oferta de la cantidad de kilos de pienso de tortuga en el mercado animal canario viene dada por la recta $q_o = 150p - 300$, donde $p$ es el precio del kilo de pienso en euros. Sin embargo, el centro de estadística insular ha modelado que la demanda de piensos de tortuga en el archipiélago sigue la ecuación lineal $q_d = 6000 - 300p$.

(a) Calcule el punto de equilibrio del mercado y represente las gráficas de oferta y demanda.

(b) ¿Qué sucedería en la cantidad de oferta y de demanda si $p = 10$?

(c) ¿Y si fuera $p = 16$?

**Solución 73.**

(a) Para representar las gráficas de oferta y demanda, calcularemos en cada función el punto de corte con el eje horizontal. El punto de corte con el eje vertical es inmediato, pues corresponde al término independiente en cada función:

- En el caso de la oferta:

$$q_o = 0 \rightarrow 0 = 150p - 300 \rightarrow p = 2$$

- En el caso de la demanda:

$$q_d = 0 \rightarrow 0 = 6000 - 300p \rightarrow p = 20$$

El punto de equilibrio se encuentra cuando $q_o = q_d$:

## 4. Funciones con variable real

$$150p - 300 = 6000 - 300p \to p = \frac{630}{45} = 14$$

Una vez calculado el precio en el punto de equilibrio, la cantidad en el punto de equilibrio será:

$$q = 150 \cdot 14 - 300 = 1800$$

El gráfico de la figura 4.4 muestra las rectas $q_o$ y de $q_d$, donde el punto de corte representa el punto de equilibrio del mercado. Este punto coincide con $p^* = 14$ euros y $q^* = 1800$ kilos de pienso de tortuga.

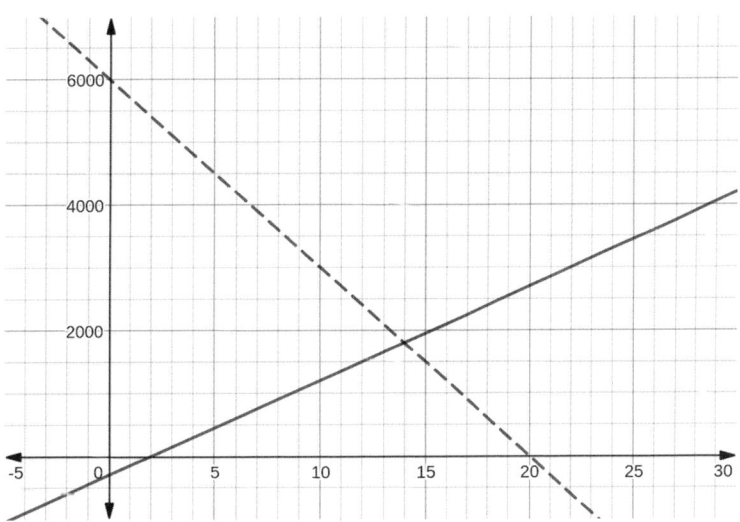

**Figura 4.4.** Gráfico de la oferta, $q_o = 150p - 300$ (línea continua) y la demanda $q_d = 6000 - 300p$ (línea discontinua).

(b) En el caso de que $p = 10$, la cantidad de oferta será:

$$q_o = 150 \cdot 10 - 300 \to q_o = 1200$$

La cantidad de demanda cuando el precio es 10 será:

$$q_d = 6000 - 300 \cdot 10 = \rightarrow q_d = 3000$$

Esto indica que la cantidad ofertada es inferior a la cantidad demandada y, por tanto, existe un exceso de demanda en el mercado.

(c) En el caso de que $p = 16$, la cantidad de oferta será:

$$q_o = 150 \cdot 16 - 300 \rightarrow q_o = 2100$$

La cantidad de demanda cuando el precio es 16 será:

$$q_d = 6000 - 300 \cdot 16 = \rightarrow q_d = 1200$$

Esto indica que la cantidad ofertada es mayor que la demandada y, por tanto, existe un exceso de oferta en el mercado.

## 4.4. PROBLEMAS DE FUNCIONES POLINÓMICAS DE SEGUNDO GRADO

**Ejercicio 74.**

Gracias al servicio de estadística del sector primario, un agricultor sabe que tras la zafra el beneficio del kilo de tomates es de $B(p) = 2p - p^2 - 0.84$, siendo $p$ el precio de un kilo de tomates.

(a) Dibuje la gráfica de la ecuación $B(p)$.

(b) Determine el rango de precios donde el agricultor obtendrá beneficios.

(c) ¿A qué precio debería vender el agricultor el kilo de tomate para obtener más beneficio?

**Solución 74.**

(a) Para dibujar la gráfica de la ecuación de segundo grado hacemos el siguiente análisis:

- ¿Cóncava o convexa? Para responder a esta pregunta calculamos la segunda derivada de $B(p)$:

$$B'(p) = 2 - 2p \to B''(p) = -2$$

Como $B''(p) < 0$, la parábola será cóncava y tendrá un máximo. Observando el coeficiente que acompaña a $p^2$, podríamos haber llegado a la misma conclusión, pues se trata de un coeficiente negativo.

- Vértice de la parábola:
  - Vértice en el eje horizontal: $B'(p) = 0$
    $B'(p) = 2 - 2p \to B'(p) = 0 \to 2 - 2p \to p = 1$.
  - Vértice en el eje vertical: $B(p=1) = 2 \cdot 1 - 1^2 - 0.84 = 0.16$.

  Así pues, tenemos el vértice en $(p, B(p)) = (1, 0.16)$.

- Punto de corte en el eje vertical:
  $B(p=0) = 2 \cdot 0 - 0^2 - 0.84 = -0.84$.

- Puntos de corte en el eje horizontal:
  $B(p) = 0 \to 2p - p^2 - 0.84 = 0$.
  $$p = \frac{-2 \pm \sqrt{2^2 - 4 \cdot (-1) \cdot (-0.84)}}{2 \cdot (-1)} = \frac{-2 \pm 0.8}{-2} \to$$
  $(p_1, p_2) = (0.6, 1.4)$.

Por lo tanto, ya tenemos toda la información necesaria para representar la parábola, cuyo esbozo se observa en la figura 4.5.

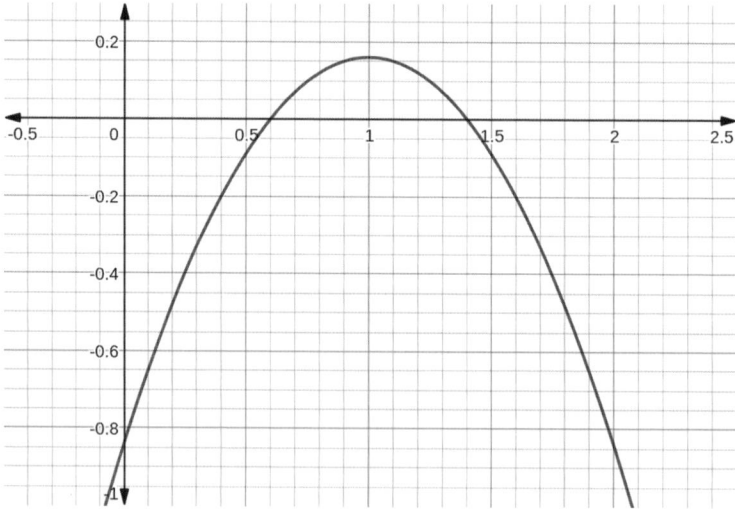

**Figura 4.5.** Gráfico del beneficio $B(p) = 2p - p^2 - 0.84$.

(b) El rango de precios donde el agricultor obtendrá beneficios coincide cuando $B(p)$ toma valores positivos; en caso contrario el beneficio será negativo. Es decir, para obtener beneficios, el precio debe oscilar entre $(0.6 - 1.4)$ unidades monetarias.

(c) El máximo beneficio se obtiene cuando el precio es de 1 unidad monetaria.

**Ejercicio 75.**

**Los ingresos de una empresa, en millones de euros, se modelaron por la siguiente ecuación:**

$$I(t) = -\frac{1}{10}(2t^2 - 20t)$$

**donde $t$ representa los años de vida de la empresa.**

(a) ¿Cuáles fueron los ingresos al cabo de dos años?

(b) Represente la gráfica de la función de ingresos.

(c) ¿Durante cuántos años la empresa tuvo ingresos positivos?

(d) ¿Cuándo tuvo la empresa el máximo ingreso? ¿Cuánto fue el valor de ese ingreso?

(e) Evalúe el ingreso marginal en el año séptimo e interprete su valor.

**Solución 75.**

(a) Los ingresos al cabo de dos años los obtenemos de la siguiente manera:

$$I(t=2) = -\frac{1}{10}(2 \cdot 2^2 - 20 \cdot 2) = 3.2 \text{millones de euros}$$

(b) Realizando el mismo estudio que en el ejercicio previo, obtenemos la curva de ingresos, la cual queda representada en la figura 4.6.

(c) Observando la figura 4.6, deducimos que la empresa tuvo ingresos positivos durante los 10 primeros años de vida.

(d) El ingreso máximo se obtiene con la expresión: $I'(t) = 0$

$$I'(t) = -\frac{1}{10}(4t - 20) \to -\frac{1}{10}(4t - 20) = 0 \to t = 5$$

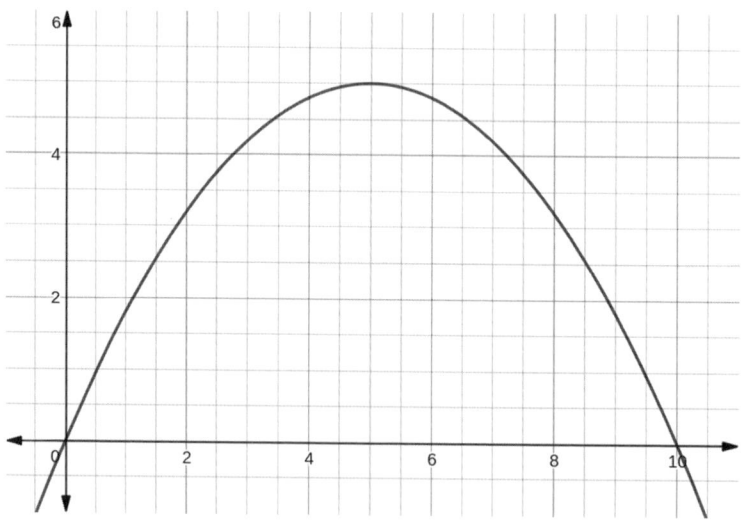

**Figura 4.6.** Gráfico de los ingresos $I(t) = -\frac{1}{10}(2t^2 - 20t)$

Es decir, la empresa obtiene el máximo ingreso el quinto año, pues sabemos que la parábola es cóncava y, por lo tanto, presenta un máximo.

El valor de ese ingreso será:

$$I(t=5) = -\frac{1}{10}(2 \cdot 5^2 - 20 \cdot 5) = 5$$

Concluyendo, el valor del máximo ingreso de la empresa fueron 5 millones de euros al quinto año.

(e) El ingreso marginal en el año séptimo se evalúa en: $I'(t=6)$:

$$I'(t=6) = -\frac{1}{10}(4 \cdot 6 - 20) = -0.4$$

Al pasar del año sexto al séptimo, el ingreso de la empresa lamentablemente disminuyó en 0.4 millones de euros.

# Bibliografía

Alvarez López, A. A., y Prieto Sáez, E. (2014). *Temas de álgebra lineal para administración y dirección de empresas*. Librería UNED.

Calderón Montero, S., y Rey Borrego, M. L. (2012). *Matemáticas para la economía y la empresa*. Ediciones Pirámide.

Calle, D. (2019). *unicoos – matemáticas* (www.youtube.com/user/davidcpv).

Castro, S. (2019). *profesor10demates* (www.youtube.com/channel/ucx2y_55mbcq3lkc3aotmaiw).

Colera, J., Oliveira, J., y García, R. (2011). *Matemáticas II (bachillerato)*. Anaya.

Fedriani Martel, E., y Melgar Hiraldo, C. (2010). *Matemáticas para el éxito empresarial*. Ediciones Pirámide.

Grcar, J. F. (2011). How ordinary elimination became gaussian elimination. *Historia Mathematica*, *38*(2), 163–218.

Gómez Déniz, E., Dávila Cárdenes, N., y González Martel, C. (2015). *Elementos de cálculo para matemáticas empresariales*. Delta Publicaciones.

Herrero de Egaña, A., Muñoz Alamillos, A., Muñoz Cabanes, A., y Muñoz Martínez, A. (2011). *Cálculo para empresarios y economistas: Matemáticas II: Grado de ADE*. Ediciones Académicas.

Hoffmann, L. D., Bradley, G. L., Sobecki, D., Price, M., y Sandoval, S. (2014). *Matemáticas aplicadas a la administración y los negocios*. McGraw-Hill.

Pérez-Grasa, I., Minguillón Constante, E., y Jarne Jarne, G. (2001). *Matemáticas para la economía. Programación matemática*. McGraw-Hill.

Saenz de Cabezón, E. (2019). *Derivando* (www.youtube.com/channel/uch-z8ya93m7 rd02wscszya).

Sanz Álvaro, P., y Vázquez, F. J. (2013). *Álgebra lineal. 450 cuestiones y problemas resueltos*. Garceta.

Zill, D. G., Wright, W. S., y Ibarra, J. (2015). *Matemáticas 2 – cálculo integral* (2 Ed.). McGraw-Hill.

## TÍTULOS RELACIONADOS

ANÁLISIS CUANTITATIVO DE LA ACTIVIDAD TURÍSTICA, *J. Alegre Martín, M. Cladera Munar, C. N. Juaneda Sampol.*
ÁRBOLES DE DECISIÓN Y ELECTRA I, *M. Ruiz Rodríguez, S. Martínez Fierro, J. M.ª Biedma Ferrer y A. Martín Navarro.*
CURSO ELEMENTAL DE ESTADÍSTICA DESCRIPTIVA, *A. Hernández Bastida.*
ECONOMETRÍA. Ejercicios resueltos, *R. M.ª García Fernández, J. M. Herrerías Velasco y F. Palacios González.*
ECONOMETRÍA. *M. Díaz Fernández y M.ª del M. Llorente Marrón.*
EJERCICIOS DE ECONOMETRÍA I, *F. Palacios González (coord.), R. M.ª García Fernández y J. M. Herrerías Velasco.*
EJERCICIOS DE ESTADÍSTICA DESCRIPTIVA Y PROBABILIDAD PARA ECONOMÍA Y ADMINISTRACIÓN DE EMPRESAS. *J. M. Casas Sánchez, C. García Pérez, L. F. Rivera Galicia y A. I. Zamora Sanz.*
EJERCICIOS DE INFERENCIA ESTADÍSTICA Y MUESTREO PARA ECONOMÍA Y ADMINISTRACIÓN DE EMPRESAS. *J. M. Casas Sánchez, C. García Pérez, L. F. Rivera Galicia y A. I. Zamora Sanz.*
ESTADÍSTICA. Problemas resueltos, *M.ª J. Peralta Astudillo, A. Rúa Vieytes, R. Redondo Palomo y C. del Campo Campos.*
INTRODUCCIÓN A LA ECONOMETRÍA. *F. J. Trívez Bielsa.*
INTRODUCCIÓN A LAS MATEMÁTICAS FINANCIERAS (Manual + Guía del alumno), *S. Cruz Rambaud y M.ª del C. Valls Martínez.*
INTRODUCCIÓN A LAS MATEMÁTICAS FINANCIERAS. Problemas resueltos, *M.ª del C. Valls Martínez y S. Cruz Rambaud.*
INTRODUCCIÓN A LAS TÉCNICAS DE MUESTREO, *J. Boza Chirino, J. V. Pérez-Rodríguez y J. de León Ledesma.*
MATEMÁTICAS DE LAS OPERACIONES FINANCIERAS, *E. Navarro Arribas.*
MATEMÁTICA DE LOS SEGUROS DE VIDA, *R. Moreno Ruiz, O. Gómez Pérez-Cacho, E. Trigo Martínez.*
MATEMÁTICAS PARA LA ECONOMÍA Y LA EMPRESA, *S. Calderón Montero y M. L. Rey Borrego.*
MATEMÁTICAS PARA EL ÉXITO EMPRESARIAL, *E. M. Fedriani Martel y M.ª del C. Melgar Hiraldo.*
MICROECONOMETRÍA Y DECISIÓN, *B. Cabrer Borrás, A. Sancho Pérez y G. Serrano Domingo.*
PRÁCTICAS DE ESTADÍSTICA CON R, *J. M.ª Sarabia, F. Prieto y V. Jordá.*
PREDICCIÓN Y SIMULACIÓN APLICADA A LA ECONOMÍA Y GESTIÓN DE EMPRESAS, *A. Pulido San Román y A. M.ª López García.*
PROBLEMAS RESUELTOS DE ESTADÍSTICA, *S. Zubelzu y A. Ercoreca.*
PROBLEMAS RESUELTOS DE ESTADÍSTICA PARA LAS CIENCIAS SOCIALES, *J. M.ª Sarabia, C. Trueba, L. Remuzgo, V. Jordá y F. Prieto.*
SISTEMAS Y TECNOLOGÍAS DE LA INFORMACIÓN EN LAS ORGANIZACIONES. *M. Fugini, P. Maggiolini, D. Pagani y R. Salvador Vallés.*

Si lo desea, en nuestra página web puede consultar el catálogo completo o descargarlo:

www.edicionespiramide.es